MOTIVATION HANDICAP?
EDITION ART & SCIENCE

Im vorliegenden Buch werden die rechtlichen, praktischen wie kritischen Folgen des *Europäischen Jahrs der Menschen mit Behinderung 2003* analysiert. Anders als die Äußerungen von denjenigen Politikern und Rechtsgebern, die dieses Jahr zu einem Jubeljahr erhoben hatten, sind die Texte im vorliegenden Buch zu bewerten. Ihre Gesamtaussagen sind auf einen sozialkritischen Nenner zu bringen: Eine gerechte und gleichberechtigte Kommunikationen mit „Menschen mit Behinderungen" (schon dieser Begriff ist Stigmatisierung genug) scheint zwar im Ansatz gegeben, aber alles in allem immer noch in weite Ferne gerückt; daher ist einmal mehr Zivilcourage von Menschen mit wie ohne Behinderungen angesagt.

Zum Herausgeber:

Clemens K. Stepina, geb. 1967 in Wien, ist seit 1997 Mitarbeiter am Privatinstitut für Gesellschafts- und Kulturphilosophie sowie Lektor am ITFM d. Univ. Wien (Dozent mit ganzer Venia seit 2005) und seit 2006 am ITFF a. d. Univ. zu Köln. Er hat zahlreiche Publikationen auf dem Gebiet der Handlungs-, Sozial-, Gesellschafts- und Kunstphilosophie wie zur Methodologie und Handlungstheorie der Theaterwissenschaft vorzuweisen.

Clemens K. Stepina (Hg.)

Motivation Handicap?

Was vom Europäischen Jahr der
Menschen mit Behinderung 2003 übrig blieb

- Eine Ernüchterung -

Edition Art & Science

Deutsche Erstausgabe

Gedruckt mit freundlicher Unterstützung des Bundesministeriums für Bildung, Wissenschaft und Kultur und des Magistrats der Stadt Wien, MA 7, Referat Wissenschafts- und Forschungsförderung.

Satz: Richard Steurer
Druck: sdz – Dresden
Verlag: Edition Art & Science, Wien
ISBN 978-3-902157-19-5

INHALT

Clemens K. Stepina
‚Vor-wort'

Ein kleines Vorwort über nackte Angst & blankes Entsetzen in der ‚Behinderten'-Szene

Wer die Schriften des Herausgebers kennt, weiß dass dieser höchstens Einleitungen zu seinen oder anderen Texten schreibt, aber keine Vorwörter. Diese gelten ihm normaler Weise als – im wahrsten Sinne des Wortes – ‚Vor-wörter', in denen so manch (großspurige) Wendungen wie Danksagungen oder anekdotenhafte Entstehungsgeschichten zu einem Buch zu finden sind, die zumeist entbehrlich sind. Für die vorliegende Kompilation aber macht der Herausgeber eine Ausnahme, und der Leser wird sofort verstehen, warum: Die Entstehungsgeschichte wurde nämlich von Geschehnissen begleitet, die freilich über das bloß Anekdotenhafte hinausgehen und symptomatisch den Ernst der Lage in der ‚Behinderten'-Szene anzeigen: Dort herrschen nämlich, so scheint es, nackte Angst & blankes Entsetzen.

Angefangen hat alles schon bei der Einreichung um Druckkostenzuschuss: Eines der Ministerien, das eigentlich für die ‚Behinderten'-Agenden zuständig ist und entsprechende Neuschöpfungen, Novellierungen und Reformen in der Rechtsmaterie vorgenommen hat, beantwortete in einem seltsamen Ton das Ansuchen mit dem eigentlich unerhörten Argument, dass man das Manuskript zuerst prüfen wolle. Das muss man sich erst einmal auf der Zunge zergehen lassen: Während andere Stellen großzügig und ohne den indirekten Anspruch auf Vorzensur den Druck der Arbeit förderten – und diese beiden Stellen (ihre Nennung scheint in der Titelei auf) sind in ihrem Förderwesen hoch reputiert und es käme ihnen nie in den Sinn, eine Arbeit vorzuprüfen –, muss man sich so ein Schreiben und so einen Ton gefallen lassen.

Das wäre aber das Schlimmste der Geschichte nicht: Anscheinend herrscht generell in Deutschland und Österreich eine derart schlechte Atmosphäre in der Behinderten‚szene', so dass einige engagierte und durchaus bekannte Autorinnen und Autoren, die in öffentlichen Behindertenorganisationen oder in privaten Behindertenvereinen bzw. in entsprechenden Ministerien arbeiten, aus Angst vor interner Kritik, vor Repressalien oder sogar vor Kündigung ihre (teils euphorischen) Zusagen dann doch noch zähneknirschend in Absagen verwandeln mussten. In diesem Zusammenhang gilt es das Extrembeispiel einer Autorin – sie arbeitet seit kurzem in einer der größten österreichischen Behindertenorganisationen – zu nennen, die schon im Stadium des fertig gesetzten Buches ihre beiden Artikel aus Angst vor Disziplinärmaßnahmen zurückziehen musste.

Man fragt sich: Wo sind wir? Leben wir etwa in einer Diktatur, in welcher jedes kritische Wort im Keim erstickt werden soll? Wo ist die so genannte liberale und wohlwollende Haltung gegenüber Menschen mit Behinderungen, wenn sogar ihre nicht behinderten Repräsentanten zwischen der Scylla beamteten Kadavergehorsams und der Charybdis freiberuflichen Vasallentums zerfleischt werden? In welchen Zeiten also leben wir? Kein Politiker, kein Rechtsgeber sollte sich selber der Chance berauben, hier zu einem Michael

Kohlhaas für Menschen mit Behinderungen zu werden. Wenn sich ein Politiker oder ein Jurist diese Chance nehmen oder entgehen lässt, so muss man ihm klar sagen: „Schämen Sie sich! Sie sind am falschen Platz, Sie haben kein Solidaritätsbewusstsein, Sie können sich auch ihr gutes und vieles Geld woanders verdienen gehen, etwa in der Schwermetallindustrie oder als Gefängnisdirektor."

Es ist zum Verzweifeln: Das Europäische Jahr der Menschen mit Behinderungen 2003 hätte sich auch anscheinend ein Co-Jahr für Menschen, die Menschen bleiben oder werden wollen, redlich verdient. Vielleicht kann das vorliegende Buch, deren Autorinnen und Autoren (wie selbstredend den Organisationen und Vereinen, die sie repräsentieren) es wirklich um Menschen (mit Behinderung) und nicht um etwas anderes geht, ein ganz kleiner Weckruf für diese Problematik – wie das phantastische, da herrlich kritische Buch zum EJMB 1981 von Forster und Schönwiese (siehe Einleitung) – sein. Dann wäre die Chance zumindest vorhanden, aus einer Problematik eine Thematik machen zu können. Das hätten sich Menschen mit wie ohne Behinderungen verdient ...

Clemens K. Stepina
Einleitung

Im vorliegenden Buch werden die rechtlichen, praktischen wie kritischen Folgen des EJMB 2003 analysiert. Anspruch auf Vollständigkeit wurde und konnte nicht erhoben werden – eine gewisse Repräsentativität soll genügen. Im Folgenden wird eine Kurzbesprechung der drei Hauptkapitel gegeben.

I. Zu einem Blick auf das Recht

Das ist für mich Demokratie: Die Pappn' halten und grinsen.
(Der Hausmeister in *Der Alleinherrscher* von Helmut Qualtinger)

Allgemein im ersten Hauptkapitel wie im dritten Aufsatz des dritten Hauptkapitels wird die rechtliche Lage von Menschen mit Behinderungen hinter der Folie des EJMB 2003 diskutiert und analysiert.

Dass hierbei in der Autorenschaft neben dem Herausgeber ‚nur' Pädagoginnen, aber keine Fachjuristen zum Zuge gekommen sind, hat einen einfachen Grund: In Österreich wie in Deutschland wurde nicht nach dem Prinzip der Unvereinbarkeit von Gesetzesmacher und Kommentator/Interpret vorgegangen. Damit wurde die durchaus prekäre Lage geschaffen, dass diejenigen juristischen Amtsträger, die die entsprechenden Gesetze gemacht haben, diese auch selbst auslegen – selbstredend, dass hier der Grundsatz von Objektivität oder gar Kritik kaum gewährleistet werden konnte. Zudem wurde versucht dem formalen Denken, wie es in den verschiedensten ‚Behinderten'-Gesetzen ihren Niederschlag findet, ein inhaltliches Denken entgegenzusetzen, das eben die kommunitaristische Grundlage von Recht zum Gegenstand hat, soweit es auf Grundsätze moralisch formulierter Gerechtigkeit (Stichwort: das Recht in seiner demokratisch diskursiven Form) rekurrieren kann.

Neben entsprechenden Würdigungen der positiven Weiterentwicklungen, Modifikationen und Neuschöpfungen in der Rechtsmaterie wurde aber auch die Kritik festgemacht, dass ein *per se* demokratisches Recht – und hier auch gerade für Menschen mit Behinderungen – zumindest in seiner diskursiven Lesart voraussetzt, dass seine Adressaten immer auch bis zu einem gewissen Teil seine Autoren sein müssten. Hier besteht – nicht nur, sondern auch – noch großer Handlungs- wie vor allem Nachholbedarf, zumal Repräsentanten wie Betroffene aus der kritischen Behindertenbewegung immer wieder darauf aufmerksam gemacht haben, dass die vorliegenden ‚Behinderten'-Rechte Rechte ohne ‚Behinderte' sind; zumal sie bei der diskursiven Rechtsfindung weder als die eigentlichen Experten angesprochen, geschweige denn als Mitgestalter eingeladen wurden (vgl.: Deutscher Behindertenrat 2003: ID26370). In diesem Zusammenhang ist es daher nicht abwegig zu meinen, dass – bei aller durchaus begrüßenswerter Entwicklung in der Materie – „das ‚falsche' Bewusstsein über Behinderte nicht nur vermindert, sondern verfestigt und ungebrochen" (Forster/Schönwiese 1982: 1) in den entsprechenden Gesetzen zum Ausdruck kommt.

II. Zu einem Blick in die Praxis

Behinderte sind so lange gut, so lange sie bloße Natur bleiben und Objekte des Mitleids sind.
Sobald sie selbst Ansprüche haben, sind sie widerlich.
(Zier 2006: 24)

Es ist kein offenes Geheimnis, sondern längst Fakt, dass wesentliche Verbesserungen im Alltag, im Berufsleben und nicht zuletzt auch die modifizierte, wenngleich nicht völlig adäquate Rechtslage für Menschen mit Behinderungen durch diese Menschen wie durch ihre Repräsentanten mitgeschaffen worden sind. Ohne den progressiven Willen der kritischen und emanzipatorischen Behindertenbewegungen im deutschsprachigen Raum und ohne den von ihnen institutionalisierten Vereinen wären bei weitem nicht diese wie oben beschriebenen positiven Entwicklungen zu verzeichnen gewesen.

Neben den sozioökonomischen Problemen, die Menschen mit Behinderung in der Berufs- wie Lebenswelt Tag für Tag erfahren, wurden in den letzten Jahren vermehrt Mobilitäts- wie Barrierenkonflikte zum Gegenstand der politischen Diskussion gemacht; vielleicht auch, weil im Zuge des EJMB 03 hier seitens der Politik große finanzielle Zuwendungen versprochen wurden. Dementsprechend wurde diese Problematik auch von diversen Behindertenvereinen und -organisationen öffentlich diskutiert und Lösungsansätze vorgeschlagen. Belegt wird dieser Trend durch die hier vorliegenden Texte: Neben dem Hauptargument, dass der eigentliche und ursprüngliche Beweggrund vor allem Betroffene im Familienkreis sind, die zur Gründung entsprechender Vereine zwecks Förderung ihrer Kinder oder Anverwandten bzw. ‚Schicksalsgenossen' geführt haben, ist das zweite Hauptargument, wieso jemand in der Behindertenarbeit tätig ist, die Thematisierung wie vor allem Problematisierung unzureichender architektonischer Infrastruktur wie Mängel im öffentlichen Verkehr.

Dass sozioökonomische Barrierefreiheit für Menschen mit Behinderung (und entsprechende innovative Projekte wie den Integrativen Journalismus-Lehrgang hat es ja in Österreich gegeben) eine architektonische wie infrastrukturelle Barrierefreiheit voraussetzt, mag für den Laien banal klingen; es ist aber bei weitem keine Banalität, wenn harte Fakten auf den Tisch gelegt werden: Immer noch werden von Stadt, Land und Bund zuwenig finanzielle Mittel ausgeschüttet, um eine diesbezügliche flächendeckende Versorgung gewährleisten zu können; immer noch werden auch für öffentliche wie private Behindertenvereine und -organisationen entsprechende Förderungen nicht im ganzen Umfang bereitgestellt.

Lobbying für Menschen mit Behinderungen wird also auch in den nächsten Jahren nur von der Basis, also von den öffentlichen wie privaten Vereinen *in praxi* geleistet werden können (insofern sie nicht, wie die überregionale I:Ö, kaputt gespart werden); ohne ihr kritisches und in die Zukunft weisendes Diskurs-Potential für eine gerechtere und emanzipatorischere Gesellschaft wird diese Gesellschaft eben nicht gerechter und gleichberechtigter werden. Dessen sollten sich auch und gerade die entsprechenden Amtsträger und Förderungsträger zunehmend bewusst werden: Es geht nicht um das instrumentelle Verwalten von, oder um den formalen Rechtsschutz für Menschen mit Behinderung, sondern es geht in erster Linie um diese Menschen selbst, die doch wohl am Besten wüssten, wie ihre Bedürfnisse und Talente in Arbeits- wie Lebenswelt — und dies sehr wohl unter mitgestalteten Rechtsbedingungen – entfaltet werden könnten. Alles andere wäre – und ist – Humanitarismus.

III. Zu einem Blick auf die Kritik

Ist die Konstruktion der Zukunft und das Fertigwerden für alle Zeiten nicht unsere Sache,
so ist desto gewisser, was wir gegenwärtig zu vollbringen haben,
ich meine *die rücksichtslose Kritik alles Bestehenden*, rücksichtslos sowohl in dem Sinne,
dass die Kritik sich nicht vor ihren Resultaten fürchtet
und ebenso wenig vor dem Konflikte mit den vorhandenen Mächten.
(Marx 1843: 344)

Kritik galt einem Karl Marx noch als Methode zur Aufdeckung und Lösung von (sozio-ökonomischen) Widersprüchen (vgl. Marx 1844: 467 ff., 510). In diesem Sinne kann man Kritik als schöpferische Teilnahme an der Gestaltung einer Gesellschaft verstehen, die nicht nur subjektiven, sondern auch gesamtgesellschaftlichen Charakters wäre.

Das war einmal. Heute – in einer einmal mehr rechtskonservativen Zeit – ist das ungerecht Bestehende das Wahre – und wehe dem, der dies hinterfragt. Das ist das globalisierte Evangelium des Postkapitalismus, dessen Agenten seit einigen Jahren nicht nur das Finanzkapital unter dem Deckmäntelchen von Sparpaket/Nulldefizit (Ö) oder Harz I-IV (D) erbarmungslos von unten nach oben verteilen. Denn mit dem geistigen Kapital verhält es sich genauso: Die große Geistesleere (der Begriff Lücke würde – einmal mehr – verharmlosen), die sich während und nach dem zweiten Weltkrieg auf den Universitäten im deutschsprachigen Raum aufgetan hat, da von 1938-1945 jüdische Linksintellektuelle entweder ins Exil getrieben oder durch den Schornstein gefegt wurden, ist heute noch schmerzlich vorhanden: Die alten Nazis, die man in Ermangelung eines akademischen Lehrkörpers an die ‚Hohen' Schulen – wirklich *nolens volens?* – zurückholte, hatten Schüler. Diese erlernten von den einstig braunen Lehrern – die sich nach '45, und nach einer Entnazifizierung, die auf halber Strecke stehen blieb, plötzlich den Mantel der roten oder schwarzen Universitätspolitik umwarfen – wie man im Zeichen der Anti-Aufklärung wissenschaftliche Kompetenz vorspielt, wie man im Zeichen einer Gelehrten-Monarchie (die Gelehrten-Republik gab es immer nur als Sozialutopie) demokratische Zustände an der Universität simuliert, wie man kritische und für die Studenten engagierte ‚Kollegen' ausschaltet oder an den Rand des Systems bzw. Wahnsinns drängt.

Mit einem Wort: Wie man das Wissen von unten nach oben mit rechtskonservativer Ideologie verteilt, die übrigens auch einstweilen von roten Dekanats- und Rektoratshäuptlingen als Federnschmuck gern getragen wird – Stichwörter: Einforderung von Studiengebühren, Ausschaltung der Mitbestimmungsrechte der Hochschülerschaft, Schleifung des Mittelbaus, Etablierung der Ordinarienuniversität, Selektion der sog. Eliten durch *knock-out*-Verfahren usw. – , weiß heute schon jedes Kind; pardon: jeder Erstsemestrige, der sich nicht vom professoralen Habitus der durchaus imposanten Talarträger beeindrucken lässt. Das Problem ist aber: Alle halten den Mund, alle haben Angst, alle beschönigen diese Verhältnisse – und bleiben mucksmäuschenstill.

Wieso aber soll das aktuelle gesamtgesellschaftliche Unrecht gerade vor der Universität halt gemacht haben? Ist es nicht so, dass gerade die offizielle wissenschaftliche Jubel-Reflexion über das EJMB 03, sei es in der Sozial- wie ‚Behinderten'pädagogik, sei es in den Politik- und Rechtswissenschaften, nur eine Kapitulation vor dem eigenen Gegenstand anzuzeigen befähigt ist? Der Leser mag vielleicht Antworten darauf in den dafür ausgewiesenen Texten (Kap. III) finden.

***

Anstatt eines Schlusses ein Zitat von Bert Brecht:

Ihr aber, wenn es soweit sein wird/
Dass der Mensch dem Menschen ein Helfer ist/
Gedenkt unsrer/
Mit Nachsicht.
(An die Nachgeborenen)

Literatur:

Deutscher Behindertenrat: Pressekonferenz zum Welttag der Behinderten am 3. Dezember 2003 – und zum ausgehenden Europäischen Jahr der Menschen mit Behinderung: http://www.deutscher-behindertenrat.de/ID26370; Abruf 12.03.2006.

R. Forster, V. Schönwiese (Hg.): Behindertenalltag – wie man behindert wird, Wien-München, 1982 (= Gesellschaftswissenschaftliche Studien, Band 11).

K. Marx, Briefe aus den Deutsch-Französischen Jahrbüchern (1843), Band 1 der MEW, Ostberlin 1957.

K. Marx, Ökonomisch-philosophische Manuskripte aus dem Jahre 1844, Ergänzungsband 1 der MEW, Ostberlin 1974.

J. Zier, „Wir sind Sozialschrott“, Wolfgang Jantzen, scheidender Professor für Behindertenpädagogik, über die Zukunft seines Faches, Folter in Behinderten-Verwahranstalten und über Seine Exzellenz den Sonnenkönig der Uni-Bremen. In: taz Nord vom 24.07.2006.

I. Blick auf das Recht

Andrea Eik
Transfer europäischer Ansätze der Behindertenpolitik in die Gesetzgebung Deutschlands

In diesem Essay geht es um die Auseinandersetzung mit den Zielsetzungen (1) des „Europäischen Jahres der Menschen mit Behinderungen 2003" (im Folgenden EJMB 2003 abgekürzt) und um die Frage des Transfers von europäischen Ansätzen der Behindertenpolitik in die Gesetzgebung Deutschlands (2). Ein kurzes Resümee beschließt (3) diesen Essay.

1. Zielsetzungen des EJMB 2003

In der Deklaration von Madrid „Nicht-Diskriminierung plus positive Handlung(en) bewirken soziale Integration" („Non discrimination plus positive action results in social inclusion") im März 2002 wird eine Vision zur vollständigen Teilhabe von Menschen mit Behinderung(en) entworfen, die einen konzeptionellen Rahmen für das „Europäische Jahr der Menschen mit Behinderungen 2003" bieten sollte. Es werden sechs Thesen (A) benannt, die mit einer Vision (B) beschrieben und mit einem Programm zur Verwirklichung dieser Vision (C) versehen werden:

A Thesen (vgl. Deklaration von Madrid)
1.1. Behinderung ist ein Menschenrechtsthema
1.2. Behinderte Menschen wollen Chancengleichheit und nicht Wohltätigkeit
1.3. Barrieren in der Gesellschaft führen zu Diskriminierung und sozialem Ausschluss
1.4. Behinderte Menschen: Die unsichtbaren Bürger
1.5. Behinderte Menschen bilden eine verschiedenartige Gruppe
1.6. Nicht-Diskriminierung plus positive Handlung(en) bewirken soziale Integration

B Vision (vgl. Deklaration von Madrid)
Es geht um eine Gesellschaft für Alle, die nicht von vornherein bereits Menschen aus ihrer Mitte ausschließt, z.B. Menschen mit Behinderung, alte Menschen usw.. Daher wird die Vision der Deklaration von Madrid als Überwindung einer alten Vision folgendermaßen beschrieben:

a) Weg von behinderten Menschen als Objekte der Wohltätigkeit (...) und hin zu behinderten Menschen als Inhaber von Rechten.
b) Weg von Menschen mit Behinderungen als Patienten (...) und hin zu Menschen mit Behinderungen als unabhängige Bürger und Verbraucher.
c) Weg davon, dass Professionelle Entscheidungen für behinderte Menschen treffen (...) und hin zu unabhängiger Entscheidungsfindung und Übernahme von Verantwortung durch behinderte Menschen und ihre Verbände bei Themen, die sie betreffen.
d) Weg von der Konzentration nur auf individuelle Beeinträchtigungen (...) und hin zur Beseitigung von Barrieren, Änderung von sozialen Normen, Politiken, Kulturen und zur Förderung einer unterstützenden und zugänglichen Umwelt.

e) Weg von der Abstemplung von Menschen als Abhängige oder nicht zu Beschäftigende (...) und hin zur Betonung der Fähigkeit und der Bereitstellung von aktiven Unterstützungsmaßnahmen.
f) Weg von der Gestaltung von wirtschafts- und sozialen Prozessen für die wenigen (...) und hin zur Gestaltung einer flexiblen Welt für die vielen.
g) Weg von unnötiger Trennung in Bildung, Beschäftigung und anderen Bereichen des Lebens (...) und hin zur Integration behinderter Menschen in alle Bereiche des Lebens.
h) Weg von einer Behindertenpolitik als ein Punkt, der nur spezielle Ministerien betrifft (...) und hin zu Einbeziehung der Behindertenpolitik als eine generelle Regierungsverantwortung.
(Deklaration von Madrid)

C Programm zur Umsetzung (vgl. Deklaration von Madrid)
Im Programm zur Umsetzung dieser Vision werden folgende acht Punkte angesprochen:
3.1. Gesetzliche Maßnahmen
3.2. Einstellungen verändern
3.3. Dienstleistungen, die ein unabhängiges Leben fördern
3.4. Unterstützung der Familien
3.5. Spezielle Aufmerksamkeit für behinderte Frauen
3.6. Integration Behinderter in alle gesellschaftlichen Bereiche
3.7. Beschäftigung als ein Schlüssel für soziale Integration
3.8. Nichts über behinderte Menschen (sagen, schreiben, tun) ohne behinderte Menschen (einzubeziehen)

Das Ziel des EJMB 2003 ist „(...) die europaweite Sensibilisierung für die Rechte von Menschen mit Behinderungen (...)" (Amtsblatt L 335, Punkt 18). Es geht folglich darum, in Europa mehr Bewusstsein für die Situation und die Belange von Menschen mit Behinderung(en) zu schaffen, um sie vollständig in die Gemeinschaft (re)integrieren zu können. Das Hauptziel „(...) besteht im Voranbringen des politischen Programms mit dem Ziel der vollständigen Integration von Menschen mit Behinderungen (...)" (Europäisches Jahr der Menschen mit Behinderungen 2003, Punkt 1). Daher wurden acht Zielsetzungen vereinbart, die im Folgenden kurz erläutert werden. Die Durchführung des EJMB 2003 und die Umsetzung der Zielsetzungen erfolgten EU-weit auf nationaler Ebene vor dem Hintergrund der jeweiligen Schwerpunkte in der Behindertenpolitik.

1.1. Sensibilisierung der Öffentlichkeit und Schutz vor Diskriminierung

Zielsetzung

Sensibilisierung für das Recht der Menschen mit Behinderungen auf Schutz vor Diskriminierung und auf umfassende und gleichberechtigte Ausübung ihrer Rechte. (Amtsblatt L 335, Art. 2a).

Es geht darum, ein Bewusstsein im Hinblick auf Diskriminierung von Menschen mit Behinderung(en) zu schaffen, um sie besser davor schützen zu können. Damit einhergehend wird angestrebt, dass Menschen mit Behinderung(en) ihre Rechte genauso ausüben können wie jeder Mensch ohne Behinderung(en) – gleichberechtigt.

1.2. Maßnahmen zur Förderung der Chancengleichheit für Menschen mit Behinderungen in Europa

Zielsetzung

Anregung von Reflexionen und Diskussionen über Maßnahmen zur Förderung der Chancengleichheit für Menschen mit Behinderungen in Europa. (Amtsblatt L 335, Art. 2b).

Menschen mit Behinderung(en) sollen die gleichen Chancen erhalten, über Ressourcen verfügen und diese nutzen zu können wie jeder andere Mensch auch. Da dies in realita aber nicht so ist, soll über Maßnahmen und Möglichkeiten, Chancengleichheit durchzusetzen, auf verschiedenen Ebenen und mit allen Beteiligten reflektiert und diskutiert werden. Es sollen Öffentlichkeit und eine Lobby für Menschen mit Behinderung(en) entstehen.

1.3. Förderung des Erfahrungsaustauschs

Zielsetzung

Förderung des Erfahrungsaustauschs über beispielhafte Verfahren und wirksame Strategien, die auf lokaler, nationaler und europäischer Ebene entwickelt wurden. (Amtsblatt L 335, Art. 2c).

Hierbei geht es um die Verbreitung von Erfahrungen und Methoden aus der Praxis, die nachweislich dazu geführt haben, Teilhabe, Chancengleichheit und Integration/Inklusion positiv zu beeinflussen und zu fördern. Dieser Erfahrungsaustausch soll auf verschiedenen Ebenen stattfinden, damit möglichst viele Menschen davon profitieren können.

1.4. Stärkung der Zusammenarbeit

Zielsetzung

Stärkung der Zusammenarbeit aller Beteiligten, insbesondere der Entscheidungsträger, Sozialpartner, NRO, Sozialdienste des Privatsektors, der Interessengemeinschaften, gemeinnütziger Organisationen, der Menschen mit Behinderungen und ihrer Familienangehörigen. (Amtsblatt L 335, Art. 2d).

Die Zusammenarbeit zwischen den genannten Beteiligten ist notwendig und wichtig, damit wegweisende Entscheidungen nicht über die Köpfe der Betroffenen hinweg, sondern mit ihnen gemeinsam erarbeitet und getroffen werden. Dadurch wird ihre Sichtweise wahr- und ernst genommen und ihre Teilhabe erhöht.

1.5. Verbesserung der Kommunikation und positive Darstellung

Zielsetzung

Verbesserung der Kommunikation über die Behinderung und Förderung einer positiven Darstellung der Menschen mit Behinderungen. (Amtsblatt L 335, Art. 2e).

Dieses Ziel hat Aufklärungscharakter für die breite Öffentlichkeit. Mit Hilfe der Medien kann das Gespräch über die Thematik „Behinderung“ angestoßen und aufgegriffen werden. Die Medien haben Einfluss auf die Sichtweisen in der Gesellschaft über Behinderung an sich und auf Einstellungen und Haltungen, mit denen Menschen mit Behinderung(en) gegenüber getreten wird. Indem ein positives Bild von Menschen mit Behinderung(en) vermittelt und verbreitet wird, können Einstellungen und Haltungen in der Gesellschaft in Bewegung geraten und ein verändertes Menschenbild zur Folge haben. Einer humanistischen Sichtweise, in der Behinderung(en) ein normales Merkmal eines Menschen und keine ihn durch und durch prägende Besonderheit sind, kann so der Weg bereitet werden.

1.6. Sensibilisierung für Heterogenität

Zielsetzung

Sensibilisierung für die Heterogenität der Bevölkerungsgruppe der Menschen mit Behinderungen und die Vielfalt der Behinderungen. (Amtsblatt L 335, Art. 2f).

Diese Zielsetzung fokussiert die Unterschiedlichkeit der Formen von Behinderung(en) und die Individualität jedes Einzelnen. Sie wirkt einer Kategorisierung von Menschen in dem Sinne entgegen, dass die Individuen in der Bevölkerungsgruppe der Menschen mit Behinderung(en) wahrgenommen werden sollen und nicht eine Zuteilung zu einer Gruppe – „die Behinderten“ – aufgrund eines körperlichen oder geistigen Merkmales – „Behinderung(en)“ – erfolgt.

1.7. Sensibilisierung für Diskriminierung

Zielsetzung

Sensibilisierung für die vielfältigen Formen der Diskriminierung, denen Menschen mit Behinderungen ausgesetzt sind. (Amtsblatt L 335, Art. 2g).

Es soll ein Bewusstsein für die unterschiedlichen Formen der Diskriminierung von Menschen mit Behinderung(en) erzeugt werden. Dies bildet die Basis für Handeln, um diesen Diskriminierungen begegnen und entgegenwirken zu können.

1.8. Recht auf Gleichbehandlung im Bildungsbereich

Zielsetzung

besondere Aufmerksamkeit im Hinblick auf die Sensibilisierung für das Recht der Kinder und Jugendlichen mit Behinderungen auf Gleichbehandlung im Bildungsbereich, damit ihre volle Eingliederung in die Gesellschaft gefördert und unterstützt wird, sowie im Hinblick auf Förderung der Entwicklung einer europaweiten Zusammenarbeit zwischen den für die Gestaltung des Unterrichts für Kinder und Jugendliche mit Behinderungen zuständigen Fachkreisen, um die Integration der Schüler und Studierenden mit besonderen Bedürfnissen in den in allgemeinen oder besonderen Bildungseinrichtungen sowie bei den einzelstaatlichen und europäischen Austauschprogrammen zu verbessern. (Amtsblatt L 335, Art. 2h).

In dieser Zielsetzung wird die Situation von Kindern und Jugendlichen mit Behinderung(en) in den Fokus genommen. Von besonderer Bedeutung ist der Bereich der Bildung. Ein gleichberechtigter Zugang zu allen Bildungsressourcen soll ermöglicht werden, um gesellschaftliche Integration zu unterstützen und Chancengleichheit zu fördern. Dazu sollen auf allen Ebenen EU-weite Evaluationen stattfinden, um Erfahrungen im regelmäßigen Austausch weitergeben und verbreiten zu können. Zusammenarbeit auf allen Ebenen ist dafür von großer Bedeutung.

2. Transfer von europäischen Ansätzen der Behindertenpolitik in die Gesetzgebung Deutschlands

2.1. Strategie der Europäischen Gemeinschaft in der Behindertenthematik (The European Union Disability Strategy)

1996 wurde eine neue „Strategie der Europäischen Gemeinschaft in der Behindertenthematik“ (The European Union Disability Strategy) erarbeitet und ausgeführt mit der erklärten Zielsetzung:

(...) this strategy stresses the need for a renewed approach focusing upon the identification and removal of the various barriers preventing disabled people from achieving equality of opportunity and full participation in all aspects of social life. (The European Union Disability Strategy).

Es werden Vorschläge für drei Hauptgebiete gemacht, die der Europäischen Kommission sehr wichtig sind, und aufgezeigt, wie Lösungsansätze auf europäischer Ebene verfolgt werden. Die Verantwortung zur Umsetzung obliegt den einzelnen Mitgliedstaaten.

1) Stärkung der Kooperation zwischen und mit den Mitgliedstaaten

With full respect for subsidiarity, the EU action can play a role in establishing better cooperation between Member States and fostering the effectiveness of their disability policies by promoting exchange of good practice, improving the collection and the use of comparative information on disability issues across Europe and the identification of effective policy solutions (The European Union Disability Strategy).

Um die Kooperation unter den Mitgliedstaaten zu verbessern und einen Austausch gelungener praktischer Erfahrungen, der Sammlung und Nutzung von vergleichenden Informationen über Angelegenheiten der Behindertenthematik und der Identifizierung effektiver politischer Lösungen zu ermöglichen, wurde von der Europäischen Union die „High Level Group of Member States' Representatives on Disability" (Hochrangige Gruppe der Mitgliedstaaten in Bezug auf Behinderung) gegründet. Sie dient als Forum des internationalen Austauschs der Mitgliedstaaten, die alle darin vertreten sind. In einem von dieser Gruppe geschaffenen Kompendium kann jeder Mitgliedstaat seine Behindertenpolitik offenlegen, um einen besseren Austausch und Verständnis zu ermöglichen.

Des Weiteren wird jedes Jahr der „Europäische Tag der Menschen mit Behinderung(en)" ausgerufen. Er geht auf die Resolution 47/3 der Vereinten Nationen vom 14.10.1992 zurück: Jedes Jahr soll am 3. Dezember der „Internationale Tag der Menschen mit Behinderungen" stattfinden.

2) Verbesserung der Partizipation von Menschen mit Behinderung(en)

(...) all strategic thinking about changes in our societies and about timely adjustments in policy should incorporate the experience of people with disabilities. (The European Union Disability Strategy).

Menschen mit Behinderung(en) und ihre Organisationen sollen mehr Mitspracherecht in politischen Angelegenheiten, die sie betreffen, erhalten. Die Europäische Union bietet ihnen einen größeren Zugang zu Information und Teilhabe über das „European Disability Forum" (Das Europäische Forum für behinderte Menschen) an, in dem die große Mehrheit der europäischen Behindertenorganisationen vertreten ist. Repräsentative europäische Organisationen, die sich für die Gleichberechtigung von Menschen mit Behinderung(en) einsetzen und gegen Diskriminierung kämpfen, können finanziell unterstützt werden, um ihr eigenes Netzwerk zum Informations- und Erfahrungsaustausch auf- und ausbauen zu können. Auch in Bezug auf die Integration von Menschen mit Behinderung(en) auf dem Arbeitsmarkt wird es als sehr wichtig angesehen, die Sozialpartner in die Entwicklung und Planung von Konzepten einzubeziehen. Dies geschieht in einer gemeinsamen Erklärung der Sozialpartner zur Beschäftigung von Menschen mit Behinderung(en).

3) Querschnittsthema (mainstreaming) Behinderung in politischen Zusammenhängen

(...) the Commission has committed itself to review its socio-economic policies, programmes and projects to determine the extent to which they address the needs, rights and concerns of people with disabilities and to develop a disability component in their socio-economic policies, programmes and projects. (The European Union Disability Strategy).

Um eine bessere zuständigkeitsbereichsübergreifende Kooperation innerhalb der Europäischen Kommission zu erreichen und die Beachtung der Behinderungsthematik in allen Bereichen als Querschnittsthema zu gewährleisten, wurde die „Inter Service Disability Group" geschaffen. Ihr Anliegen ist es, mehr Sensibilisierung und Bewusstheit für die Angelegenheiten von Menschen mit Behinderung(en) zu bewirken und die Kooperation innerhalb der Europäischen Kommission durch regelmäßige Treffen und Evaluationen zu erhöhen. Die Beachtung der Behinderungsthematik soll bei der Formulierung politischer Maßnahmen in allen Bereichen erfolgen.

Verschiedene europaweite Programme und Maßnahmen unterstützen die „Strategie der Europäischen Gemeinschaft in der Behindertenthematik" (The European Union Disability Strategy):
- *Diskriminierung und Ausgrenzung beseitigen:* Antidiskriminierungspaket mit zwei EU-Richtlinien und einem Aktionsprogramm (Richtlinie zur Anwendung des Gleichbehandlungsgrundsatzes ohne Unterschied der Rasse und ethnischen Herkunft vom 29.06.2000, Richtlinie zur Festlegung eines allgemeinen Rahmens für die Verwirklichung der Gleichbehandlung in Beschäftigung und Beruf vom 27.11.2000, Aktionsprogramm der Gemeinschaft zur Bekämpfung von Diskriminierungen 2001-2006 vom 27.11.2000) (vgl. Bericht der Bundesregierung über die Lage behinderter Menschen und die Entwicklung ihrer Teilhabe 2004: 293).
- *eEurope:* Schaffung einer barrierefreien Informationsgesellschaft mit dem Ziel der Ermöglichung der Nutzung der Informationen und Dienste der neuen Medien durch barrierefreie Gestaltung von Internetseiten (Aktionsplan eEurope 2002 – eine Informationsgesellschaft für Alle) (vgl. Bericht der Bundesregierung über die Lage behinderter Menschen und die Entwicklung ihrer Teilhabe 2004: 295).
- *EQUAL:* Bekämpfung der Diskriminierung von Arbeitenden und Arbeitsuchenden durch die Bildung von Netzwerken und Entwicklungspartnerschaften von Arbeitsmarktakteuren zur Entwicklung von Konzepten gegen Diskriminierung und Ungleichheiten in Beruf und Ausbildung (vgl. Bericht der Bundesregierung über die Lage behinderter Menschen und die Entwicklung ihrer Teilhabe 2004: 296ff).
- *Stärkung der Teilhabe behinderter Menschen in Europa:* In der Europäischen Sozialcharta ist „das Recht behinderter Menschen auf Eigenständigkeit, soziale Eingliederung und Teilhabe am Leben der Gemeinschaft" (Bericht der Bundesregierung über die Lage behinderter Menschen und die Entwicklung ihrer Teilhabe 2004: 298) dargelegt. Es werden verschiedene Methoden zur Umsetzung erarbeitet, erprobt und ständiger Evaluation unterzogen (vgl. Bericht der Bundesregierung über die Lage behinderter Menschen und die Entwicklung ihrer Teilhabe 2004: 298ff).
- *Schutzinstrumente für Menschen mit Behinderung(en):* UN-Rahmenbestimmungen für die Herstellung der Chancengleichheit für Behinderte (Standard Rules) vom 20.12.1993, Erarbeitung einer UN-Menschenrechtskonvention über die Rechte behinderter Menschen (vgl. Bericht der Bundesregierung über die Lage behinderter Menschen und die Entwicklung ihrer Teilhabe 2004: 300ff).

2.2. Die Behindertenpolitik Deutschlands

Die Darstellung der Behindertenpolitik Deutschlands erfolgt in einem groben Überblick. Das Ziel der Behindertenpolitik Deutschlands wird folgendermaßen beschrieben:

> Menschen mit Behinderungen sollen so weit wie möglich selbständig und ohne fremde Hilfe ihren Alltag bewältigen können. In Zusammenarbeit mit den behinderten Menschen und ihren Interessenvertretungen sind in den

vergangenen Jahren die Grundlagen dafür geschaffen worden, dass behinderte Menschen ihr Leben so weit wie möglich in freier Selbstbestimmung gestalten können. (Bundesregierung: Gleichstellung, Teilhabe und Selbstbestimmung als Ziel der Behindertenpolitik).

Behinderung wird nach dem Sozialgesetzbuch SGB IX, §2, Abs. 1 folgendermaßen definiert:

Menschen sind behindert, wenn ihre körperliche Funktion, geistige Fähigkeit oder seelische Gesundheit mit hoher Wahrscheinlichkeit länger als sechs Monate von dem für das Lebensalter typischen Zustand abweichen und daher ihre Teilhabe am Leben in der Gesellschaft beeinträchtigt ist. Sie sind von Behinderung bedroht, wenn die Beeinträchtigung zu erwarten ist.

Das Diskriminierungsverbot gegenüber Menschen mit Behinderung(en) wurde 1994 durch eine Verfassungsänderung in das Grundgesetz aufgenommen: „Niemand darf wegen seiner Behinderung benachteiligt werden“ (GG, Art. 3, Abs. 3, Satz 2).

Die Bundesregierung setzte sich in ihrer Koalitionsvereinbarung vom 20.10.1998 folgende Schwerpunkte zum Ziel:

- Dem Benachteiligungsverbot des Grundgesetzes soll Geltung verschafft werden.
- Das Recht der Rehabilitation soll in einem SGB IX zusammengefasst und weiterentwickelt werden.
- Die Eingliederung Behinderter in das Arbeitsleben soll verbessert und weiterentwickelt werden.
- Schließlich soll geprüft werden, wie die Deutsche Gebärdensprache anerkannt und gleichbehandelt werden kann.

(Bericht der Bundesregierung über die Lage behinderter Menschen und die Entwicklung ihrer Teilhabe 2004: 16).

Die Umsetzung dieser Schwerpunkte erfolgte durch:

- das Gesetz zur Bekämpfung der Arbeitslosigkeit Schwerbehinderter mit Wirkung ab Oktober 2000,
- das SGB IX mit Wirkung ab Juli 2001,
- das BGG mit Wirkung ab Mai 2002,
- das Gesetz über eine bedarfsorientierte Grundsicherung im Alter und bei Erwerbsminderung (GSiG) mit Wirkung vom Januar 2003,
- das Gesetz zur Förderung der Ausbildung und Beschäftigung schwerbehinderter Menschen mit Wirkung ab Mai 2004 sowie
- die Einführung des trägerübergreifenden Persönlichen Budgets mit dem Gesetz zur Einordnung des Sozialhilferechts in das Sozialgesetzbuch zum Juli 2004.

(Bericht der Bundesregierung über die Lage behinderter Menschen und die Entwicklung ihrer Teilhabe 2004: 16).

Im Folgenden werde ich den Punkt 2.1 und die Behindertenpolitik Deutschlands miteinander verknüpfen, um aufzuzeigen, wie die „Strategie der Europäischen Gemeinschaft in der Behindertenthematik“ (The European Union Disability Strategy) auf nationaler Ebene in Deutschland unterstützt wird. Dabei wird auch deutlich, dass bereits vor dem EJMB 2003 Gesetze verabschiedet wurden, die eine Sensibilisierung der Bevölkerung in Bezug auf Teilhabe, Selbstbestimmung und Gleichbehandlung von Menschen mit Behinderung(en) hervorrufen und stärken sollen.

Das im Mai 2002 verabschiedete Behindertengleichstellungsgesetz (BGG) und das angestrebte „Design für Alle“ (Universal Design: Allgemeine Gestaltung des Lebensumfeldes, die niemanden ausschließt und von Allen genutzt werden kann) tragen zur Barrierefreiheit und zur Erleichterung des Zugangs zur Informationsgesellschaft bei. Die gesellschaftliche Teilhabe von Menschen mit Behinderung(en) wird dadurch erhöht.

Deutschland beteiligt sich an der Umsetzung von EQUAL und hat bundesweit bereits vierzehn Netzwerke eingerichtet (Stand 2003). Es erfolgt auch eine Beteiligung auf europäischer Ebene mit der Vertretung in der „European Thematic Group Employability“ (ETG).

Das Rehabilitations- und Teilhaberecht von Menschen mit Behinderung(en) ist seit dem 01.07.2001 im Neunten Buch Sozialgesetzbuch (SGB IX) geregelt. Die Selbstbestimmungs- und Teilhabemöglichkeiten werden durch das trägerübergreifende Persönliche Budget seit Juli 2004 gestärkt.

Mit den Gesetzen zur Bekämpfung der Arbeitslosigkeit schwerbehinderter Menschen (01.10.2000) und zur Förderung der Ausbildung und Beschäftigung schwerbehinderter Menschen (23.04.2004) wird die soziale Rehabilitation gefördert, denn Arbeit ist ein wichtiger Faktor im Kampf gegen soziale Diskriminierung.

Deutschland verfolgt konsequent sein Ziel nach Gleichstellung, Teilhabe und Selbstbestimmung in der Behindertenpolitik. Daher sollte Behinderung als Querschnittsthema in allen Bereichen beachtet werden. Eine Zusammenarbeit mit behinderten Menschen und ihren Interessenvertretungen (wie bei der Erarbeitung des SGB IX geschehen) muss erfolgen und ist sinnvoll. Durch die Bildung von Netzwerken kann der Erfahrungsaustausch gefördert werden.

Die Bundesregierung stellt in ihrem Bericht über die Lage behinderter Menschen und die Entwicklung ihrer Teilhabe 2004 heraus,

> (...) dass begriffliche Abgrenzungen in Bezug auf behinderte Menschen einer gedanklichen und sozialen Ausgrenzung dieser Menschen nicht Vorschub leisten dürfen, sondern – nach vorrangiger Betrachtung ihrer Fähigkeiten – als Hinweis auf ihre individuellen Probleme und Chancen zu verstehen sind und sie gewährleisten, dass behinderte Menschen gemäß ihrer individuellen Bedarfe Zugang zu den Hilfen erhalten, die sie zur Teilhabe am Leben in der Gesellschaft benötigen. (Bericht der Bundesregierung über die Lage behinderter Menschen und die Entwicklung ihrer Teilhabe 2004: 19).

Dies bedeutet, dass in der Gesellschaft eine Sensibilisierung für die Belange von Menschen mit Behinderung(en) erreicht werden muss, was auch deutlich mit den drei Slogans der nationalen Zielsetzung für das EJMB 2003 in Deutschland zum Ausdruck gebracht wurde:

> Teilhabe verwirklichen! Selbstbestimmung ermöglichen! Gleichstellung durchsetzen! (Bericht der Bundesregierung über die Lage behinderter Menschen und die Entwicklung ihrer Teilhabe 2004: 291).

Das EJMB 2003 diente dazu, den Paradigmenwechsel in der deutschen Behindertenpolitik weg von der Versorgungshaltung hin zu mehr Selbstbestimmung und Teilhabe von

Menschen mit Behinderung(en) noch einmal deutlich herauszustellen. Im Rahmen des politischen Programms „Agenda 2010“ wurde bereits vor dem EJMB 2003 (wie oben dargestellt) eine Reihe von Gesetzen verabschiedet, die Teilhabe, Selbstbestimmung und Gleichbehandlung von Menschen mit Behinderung(en) festigen sollen. Durch das EJMB 2003 gelang eine stärkere Sensibilisierung der Öffentlichkeit für die Belange und Bedürfnisse von Menschen mit Behinderung(en), was durch das ansteigende Interesse an behindertenpolitischen Themen in der Bevölkerung belegt wird (vgl. Bericht der Bundesregierung über die Lage behinderter Menschen und die Entwicklung ihrer Teilhabe 2004: 292). Trotz einer relativ geringen Presseresonanz fanden bundesweit zahlreiche staatlich geförderte und aus Eigenmitteln finanzierte Projekte und Veranstaltungen zu den Themengebieten und Zielsetzungen des EJMB 2003 statt. Die Auswirkungen des EJMB 2003 können folgendermaßen zusammengefasst werden:

Das EJMB 2003 hat wesentliche Fortschritte zur Förderung der Teilhabe, Selbstbestimmung und Gleichstellung behinderter Menschen gebracht. Es ist intensiv genutzt worden, um Diskussionen anzuregen, Anstöße zu geben und Veränderungen zu unterstützen. Die damit erzeugte „Dynamik“ wird national und international über das Jahr 2003 hinaus wirken. (Bericht der Bundesregierung über die Lage behinderter Menschen und die Entwicklung ihrer Teilhabe 2004: 292).

3. Resümee: Auswirkungen des EJMB 2003 – Europaweit betrachtet

Schlussfolgerungen zu den europaweiten Auswirkungen des EJMB 2003 sind in unterschiedlichen Bereichen zu ziehen und werden hier lediglich kurz angerissen.

Die gesellschaftliche Teilhabe und die Förderung der Chancengleichheit von Menschen mit Behinderung(en) waren das zentrale Thema des EJMB 2003. Aber auch die soziale Sicherung der Menschen mit Behinderung(en), wie sie in den Behindertenpolitiken und dem Behindertenrecht der einzelnen Mitgliedstaaten zum Ausdruck kommt, spielte eine zentrale Rolle.

Es gibt keine europaweit einheitliche Definition des Begriffes „Behinderung“. Dort, wo es sie gibt, wird „Behinderung“ als ein Vorliegen von Funktions- und/oder Aktivitätsbeeinträchtigungen bzw. Beeinträchtigungen der gesellschaftlichen Teilhabe beschrieben (vgl. MISSOC-Info 1/2003: 5).

Auch die Behindertenpolitiken und das Behindertenrecht der einzelnen EU- und Efta-Länder gestalten sich sehr unterschiedlich, sind im Allgemeinen jedoch an Leistungsgesetze gebunden. In der Regel haben die Ministerien für soziale Belange oder die Ministerien für Arbeit die Zuständigkeit für Menschen mit Behinderungen. Die Leistungserbringung erfolgt auf kommunaler, regionaler und staatlicher Ebene. Es handelt sich um Versicherungsleistungen, berufliche Wiedereingliederung, medizinische Rehabilitationsleistungen und Solidarleistungen in Form von Bereitstellung sozialer Dienste oder finanzieller Beihilfen. Dies betrifft die Bereiche der Einkommenssicherung, der Kompensationsleistungen für behinderungsbedingte Aufwendungen und der beruflichen, medizinischen und sozialen Rehabilitation bzw. (Wieder-)Eingliederung (vgl. MISSOC-Info 1/2003: 4-10).

In den Verfassungen der Länder ist ausdrücklich ein allgemeines, für jeden Menschen gültiges Verbot von Diskriminierung enthalten. Etliche Länder haben dieses durch spezielle Gesetze zum Schutz vor Diskriminierung behinderter Menschen ergänzt. In einigen Ländern gibt es Gleichstellungsgesetze für Menschen mit Behinderung(en) bzw. sind solche in Vorbereitung. Es geht um den barrierefreien Zugang für Alle zu den Bereichen Bildung und Arbeit, Dienste und Güter, Gebäude und Verkehr. Es wird in fast allen Ländern auf zwei Ansätze zurückgegriffen: den Ansatz zur Normalisierung und den Ansatz zur Berücksichtigung von Behinderung als Querschnittsthema in allen Bereichen, dem „mainstreaming" (vgl. MISSOC-Info 1/2003: 11).

Abschließend ist zu erwähnen, dass das EJMB 2003 die Sensibilisierung der europäischen Bevölkerung für die Belange von Menschen mit Behinderung(en) gestärkt und gefördert hat, das Thema Behinderung aber grundsätzlich europaweit in allen politischen Bereichen berücksichtigt wird:

> Zusammenfassend kann gesagt werden, dass nicht nur vor dem Hintergrund des europäischen Jahres der Menschen mit Behinderungen das Thema Behinderung ein vorrangiges Handlungsfeld darstellt. Dies zeigt sich zum einen in einer großen Vielfalt an Leistungen und Handlungsprogrammen, aber auch in Kampagnen zur Schaffung eines stärkeren öffentlichen Bewusstseins und zur Sensibilisierung für die Belange von Menschen mit Behinderungen. Viele der aufgelegten Maßnahmen der Länder reichen in die nächsten Jahre hinein, was zeigt, dass die Teilhabe behinderter Menschen über das europäische Jahr hinaus ein herausragendes Thema bleiben wird. (MISSOC-Info 1/2003: 12).

4. Bibliografie

4.1. Literaturangaben

Beck-Texte. (2005) SGB II. Grundsicherung für Arbeitssuchende. SGB XII. Sozialhilfe. Nördlingen: dtv.

Bundesministerium für Gesundheit und Soziale Sicherung (2004) SGB IX. Rehabilitation und Teilhabe behinderter Menschen. Inklusive Fragen und Antworten zur Praxis. Pößneck: GGP Media GmbH.

Bundesministerium für Gesundheit und Soziale Sicherung. (2004) Das Gesetz zur Gleichstellung behinderter Menschen als Beitrag zur Umsetzung des Benachteiligungsverbotes im Grundgesetz. Paderborn: Bonifatius GmbH.

Bundeszentrale für politische Bildung (2004) Das Grundgesetz. Leck: Clausen & Bosse.

Bundschuh, K., Heimlich, U., Krawitz, R. Behinderung. In: Bundschuh, K., Heimlich, U., Krawitz, R. (Hg.) (2002) Wörterbuch Heilpädagogik. Bad Heilbrunn: Klinkhardt.

Heimlich, U., Wittmann, B. Behindertenpolitik. In: Bundschuh, K., Heimlich, U., Krawitz, R. (Hg.) (2002) Wörterbuch Heilpädagogik. Bad Heilbrunn: Klinkhardt.

Heimlich, U., Wittmann, B. Behinderung und Recht. In: Bundschuh, K., Heimlich, U., Krawitz, R. (Hg.) (2002) Wörterbuch Heilpädagogik. Bad Heilbrunn: Klinkhardt.

4.2. Internetrecherche

www.europa.eu.int [05.03.2006]
www.bildungsserver.de [05.03.2006]
Amtsblatt L 335 vom 19.12.2001 der Europäischen Union/Europäischer Rat. Beschluss des Rates vom 3. Dezember 2001 über das europäische Jahr der Menschen mit Behinderungen 2003.
Online unter:
www.europa.eu.int/comm/employment_social/soc-prot/disable/com271/comfinal_de.pdf [12.02.2006]
Bericht der Bundesregierung über die Lage behinderter Menschen und die Entwicklung ihrer Teilhabe. (2004)
Online unter:
www.rat-und-hilfe-ge.de/Dokumente_und_Materialien/Soziales/Menschen_mit_Behinderungen/Bundesregie rungBehindertenbericht.pdf [23.02.2006]
Bericht der Bundesregierung zur Beschäftigungssituation schwerbehinderter Menschen 2003.
Online unter:
www.sgb-ix-umsetzen.de/index.php/nav/tpc/nid/1/aid/354 [22.02.2006]
Bundesregierung: *Gleichstellung, Teilhabe und Selbstbestimmung als Ziel der Behindertenpolitik*
Online unter:
www.bundesregierung.de/Artikel/-,413.914417/dokument.htm [26.02.2006]
Deklaration von Madrid
Online unter:
www.madriddeclaration.org. [12.02.2006]
Entschließung des Rates und der im Rat vereinigten Vertreter der Regierungen der Mitgliedstaaten vom 20. Dezember 1996 zur Chancengleichheit für behinderte Menschen
Online unter:
www.europa.eu.int/comm/employment_social/soc-prot/disable/com406/res_de.htm [22.02.2006]
Europäisches Jahr der Menschen mit Behinderungen 2003.
Online unter:
www.SCADPlus-Europäisches-Jahr-der-Menschen-mit-Behinderungen2003.htm [19.01.2006]
EU-Verfassung. Charta der Grundrechte.
Online unter:
www.europarl.eu.int/charter/pdf/text_de.pdf [15.02.2006]
Evaluation of the European Year of People with Disabilities. Oktober 2004. Europäische Kommission.
Online unter:
www.europa.eu.int/comm/employment_social/disability/year_en.html [12.02.2006]
Gesetz zur Gleichstellung behinderter Menschen und zur Änderung anderer Gesetze.
Online unter:
www.bundesrecht.juris.de [12.02.2006]
MISSOC-Info 1/2003. Soziale Sicherung für Menschen mit Behinderung. Europäische Kommission.
Online unter:
www.europa.eu.int/comm/employment_social/publications/2004/keaa03001_de.pdf [05.03.2006]

Politik für Menschen mit Behinderungen – neuere Entwicklungen.
Online unter:
www.europa.eu.int/comm/employment_social/missoc/2003/012003/intro_de.pdf [22.02.2006]
Rahmenbestimmungen für die Herstellung der Chancengleichheit für Behinderte.
Online unter:
www.un.org/esa/socdev/enable/dissre00.htm [22.02.2006]
Schulte, Bernd (2003) *Behindertenrecht und Behindertenpolitik in der Europäischen Union.* In: Politik und Zeitgeschichte, 08/2003.
Online unter:
www.bpb.de/publikationen/ASCNEC.html [12.02.2006]
The European Union Disability Strategy
Online unter:
www.europa.eu.int/comm/employment_social/soc-prot/disable/strategy_en.htm [22.02.2006]

Kerstin Gommel

Einfluss und Folgen des EJMB 2003 auf die europäische Behindertenpolitik und die bundesdeutsche Gesetzgebung (ADG und BGG)

1. Einleitung

Im vorliegenden Artikel setze ich mich mit den Zielen und Inhalten des Europäischen Jahres der Menschen mit Behinderungen 2003 (im Folgenden EJMB genannt) auseinander. Nach Erläuterung der Entstehungsgeschichte und der Grobziele des EJMB (2), stelle ich konkret die im Rahmen des EJMB verfolgten Zielsetzungen und Maßnahmen dar und erläutere diese (3). Anschließend setze ich mich mit der Frage der Umsetzung (4) europäischer Ansätze und Einflüsse der Behindertenpolitik in nationale Politik und Gesetzgebung der Bundesrepublik Deutschland (BRD) auseinander. Hierbei überprüfe ich, ob und inwieweit diese umgesetzt wurden und welche Konsequenzen dies für bundesdeutsches Recht hat. Im Fazit (5) beleuchte ich den vorangegangenen Enstehungsprozess dieses Artikels, beziehe abschließend Stellung zu den Inhalten, Umsetzungen und Auswirkungen des EJMB und formuliere eine Perspektive.

2. Entstehungsgeschichte und Grobziele des EJMB

In der Behindertenhilfe kam es den 90er Jahren zu einem Paradigmenwechsel, von der medizinischen zur sozialen Perspektive. Menschen mit Behinderungen werden nun nicht länger als Hilfsempfänger, sondern als gleichberechtigte Bürger betrachtet. Behinderung wird nun im Zusammenhang mit den Umweltbedingungen gesehen. Die Einstellungsänderung bewirkt politische und gesellschaftliche Veränderungen (Cf. EU (Hg.), *Politik für Menschen mit Behinderungen – neuere Entwicklungen.* 2003: 1. Online unter: www.europa.eu.int/comm/employment_social/missoc/2003/012003/intro_de.pdf [22.02.2006]). Auch die europäische Sozialpolitik befasst sich seit dem Europäischen Rat 2000 in Lissabon mit der Bekämpfung von sozialer Ausgrenzung (Cf. BMSG (Hg.). *Tätigkeitsbericht.* o.J.: 146. Online unter: www.bmsg.gv.at/ cms/site/attachments/2/6/6/CH0630/CMS1140166432702/taetigkeitsbericht_kap10.pdf [13.03.2006]).

Jedoch stellen Menschen mit Behinderungen im realen Alltag noch immer eine gesellschaftliche Randgruppe dar, die in vielen Lebensbereichen stark von sozialer, gesellschaftlicher und wirtschaftlicher Benachteiligung, Diskriminierung und Ausgrenzung betroffen ist, obwohl „fast jeder zehnte EU-Bürger von einer Behinderung betroffen ist“. D.h., dass „Menschen mit Behinderungen keine Minderheit sind“ (Schulte. 2003. Behindertenrecht und Behindertenpolitik in der Europäischen Union. In: *Politik und Zeitgeschichte.* 08/2003: 46), womit „das Thema der Integration von Menschen mit Behinderungen (...) ein Anliegen für die Gesellschaft“ sein müsste „für das sich alle einsetzen“ (EU (Hg.). 2001. *Chancengleichheit für Menschen mit Behinderung. Ein europäischer Aktionsplan*: 7. Online unter: www.europa.en.int/comm/employment_social/news/2001/dec/cd_2001_903_de.pdf

[9.03.2006]). Um dies, sowie Chancengleichheit für Menschen mit Behinderungen zu erreichen, ist es notwendig, die Bevölkerung mittels geeigneter Strategien und koordinierter Maßnahmen für die Belange behinderter Menschen zu sensibilisieren, sowie Barrieren abzubauen, um betroffenen Menschen die Möglichkeit zu Gleichstellung, Selbstbestimmung und gleichberechtigter Teilhabe am Leben in der Gemeinschaft i.S. einer Gesellschaft für alle, zu eröffnen. Zur Aktualisierung der Thematik und, um dem Engagement in der Behindertenthematik Nachdruck zu verleihen, sowie zur Behebung des Informationsdefizits durch Sensibilisierung der Allgemeinbevölkerung, zur Bekämpfung von Diskriminierung und zur Schaffung eines Rahmens für soziale, bildungsmäßige, berufliche, wirtschaftliche Integration (s. Zielsetzung EJMB), wurde auf Beschluss des Europäischen Rates am 3. Dezember 2001 das Jahr 2003 zum Europäischen Jahr der Menschen mit Behinderungen (EJMB) erklärt (Cf. PDS (Hg.), 2002. *Mündliche Anfrage*, PDS-Fraktion im Thüringer Landtag: 1. Online unter: www.pds-fraktion-thueringen.de/parlament/manfrage/manfrage2002/dr32696.html. [12.03.2006]). Laut diesem Beschluss soll die europaweite Sensibilisierung für Rechte und Belange von Menschen mit Behinderungen, durch geeignete Maßnahmen, zwar durch gemeinsame europäische Aktionen ergänzt werden, jedoch hauptsächlich auf Mitgliedsnationsebene durchgeführt werden, da „greifbare Fortschritte (...) nur durch die umfassende Beteiligung der Mitgliedstaaten auf nationaler Ebene erzielt werden“ können (EU (Hg.), 2001. *Vorschlag für einen Beschluss des Rates über das Europäische Jahr für Menschen mit Behinderungen 2003*: 6. Online unter: www.europa.eu.int/comm/employment_social/soc-prot/disable/com271/de.pdf [15.02.2006]).

Die öffentlichkeitswirksame Ebene der Europäischen Union sollte allerdings einen rechtlichen und politischen Rahmen z.B. für thematische Aktionen im EJMB schaffen. Hierdurch könnte auch der politische Dialog verstärkt werden, um eine umfassende, langfristige gesellschaftliche und wirtschaftliche Veränderung zu bewirken. Um im Vorfeld einen solchen Rahmen für EU-interne, nationale, regionale und örtliche Aktionen des EJMB zu schaffen, wurde im März 2002 in diesem Zusammenhang als Ergebnis eines Konsenses zwischen dem Europäischen Behindertenforum (Dachverband für Koordination und Vertretung europäischer und nationaler Behindertenfragen), der spanischen Präsidentschaft und der Europäischen Kommission, von den 600 Teilnehmern am Europäischen Behindertenkongress in Madrid die ‚Deklaration von Madrid‘ verabschiedet (Cf. EU (Hg.), 2001. *European disability forum. Madrid declaration* (Deklaration von Madrid). Online unter: www.madrid-declaration.org. [12.02.2006]). Hieran waren erstmals Menschen mit Behinderung aktiv beteiligt. Die Deklaration vertritt die Vision der vollständigen Teilhabe und Integration von Menschen mit Behinderungen in den verschiedensten Lebensbereichen und geht von der oftmals von Diskriminierung, Armut und sozialer Ausgrenzung geprägten Lage vieler behinderter Menschen in Europa aus. Sie betont die Verbesserungsnotwendigkeit auf Menschenrechtsbasis und fordert eine umfassende Antidiskriminierungsgesetzgebung. Dabei beinhaltet sie zur Verwirklichung ihrer Vision ein konkretes Programm, d.h. ein Konzept, samt rechtlichen, politischen und Verwaltungsvorschlägen für das EJMB 2003 (Cf. EU (Hg.), 2003. *Politik für Menschen mit Behinderungen – neuere Entwicklungen*. loc.cit.: 4). Dies entspricht auch dem Motto des EJMB „Nichts ohne uns über uns“ (Bundesgesundheitsministerium (Hg.), 2004. *job. Jobs ohne Barrieren*: 1. Online unter: www.kobinet-nachrichten.org/cipp/kobinet/custom/pub/content,lang,1/oid,5353/ticket,g_a_s_t [17.03.2006]), was die drei Kernpunkte (Umsetzung von Teilhabe, Selbstbestimmung und Gleichstellung) des o.g. Paradigmenwechsels beinhaltet. Dementsprechend waren behinderte Menschen auch an inhaltlicher und organisatorische Planung/ Durchführung des EJMB 2003 beteiligt (Cf. Deutscher Bundestag (Hg.), 2004. *Drucksache 15/4575. Unterrichtung durch die Bundesregierung Bericht der Bundesregierung über die Lage behinderter Menschen und die Entwicklung ihrer Teilhabe*: 172. Online unter: www.dip.bundestag.de/btd/15/045/1504575.pdf [02.03.2006]).

Hierdurch bot das EJMB „behinderten Menschen auf nationaler, regionaler und lokaler Ebene eine einmalige Gelegenheit", ihre Rechte und für sie belangvolle Themen ins Rampenlicht zu rücken, sowie ein positives Bild von Menschen mit Behinderung in der Öffentlichkeit zu präsentieren. Außerdem gab es ihnen die Chance „einen Beitrag zur Festlegung politischer Prioritäten und zur Förderung gezielter Maßnahmen zu leisten" (EU (Hg.), 2001. *Chancengleichheit für Menschen mit Behinderung. Ein europäischer Aktionsplan.* loc.cit.: 10).

Dabei ging es europaweit um ähnliche Problemkreise, wie Diskriminierung, Stigmatisierung und soziale Ausgrenzung, u.a. durch Einschränkungen (z.B. Barrieren, mangelnde Zugänglichkeit) in verschiedensten Lebensbereichen, welche Handlungskompetenzen einengen und die Lebensqualität mindern. Aufgrund zusätzlicher Benachteiligungen im Alltag spielte die Situation von Familienangehörigen, behinderten Kindern/ Jugendlichen resp. behinderten Frauen eine besondere Rolle (Cf. EU (Hg.), 2001. *Chancengleichheit für Menschen mit Behinderung. Ein europäischer Aktionsplan.* loc.cit.: 13). Deshalb wurden die sechs Schwerpunkte Ethik, Gleichstellung, Arbeit, Gesundheit, Barrierefreiheit und Persönliche Assistenz festgelegt (Cf. Deutscher Bundestag (Hg.), 2004. *Drucksache 15/4575.* loc.cit.: 172). In Folge gab es neben speziellen politischen Programmen, Veranstaltungen zur Fortbildung und Forschung, aber auch zur Aufklärung/ Öffentlichkeitsarbeit, d.h. um behinderte Mitbürger und ihre Belange präsent werden zu lassen. Finanziert wurde dies hauptsächlich aus EU-Mitteln, in der BRD auch aus dem Bundeshaushalt und zweckgebundenen Ausgleichsfonds.

Zur Umsetzung der Ziele des EJMB richtete das Bundesministerium für Arbeit und Soziale Sicherung in Deutschland eine nationale Koordinierungsstelle ein. Sie hatte die Aufgabe, in Kooperation mit Behindertenverbänden und Sozialpartnern die Durchführung vieler eigener Projekte (finanziell) zu unterstützen, wobei der Koordinierungsausschuss 175 Anträge genehmigte. (Cf. Deutscher Bundestag (Hg.), 2004. *Drucksache 15/4575.* loc.cit.: 172f). Die Koordinierungsstelle veröffentlichte schon im Juli 2002 der „Leitfaden zum Europäischen Jahr der Menschen mit Behinderungen 2003" (Cf. (PDS (Hg.). *Mündliche Anfrage.* 2002. loc.cit.). Dieser beinhaltet u.a. Veranstaltungsthemen, wie „Gleichstellung und Arbeit, Persönliche Assistenz und Pflegerecht, Barrierefreiheit in den Bereichen Bau, Verkehr und Kommunikation, Gesundheit und Ethik, (...) Themen in den Bereichen der Bildung für Kinder und Jugendliche sowie in Kunst, Kultur und Sport", wodurch „volle Eingliederung in die Gesellschaft (...) gefördert und unterstützt werden" soll (Bundesministerium für Arbeit und Sozialordnung (Hg.), *Leitfaden zum Europäischen Jahr der Menschen mit Behinderungen (EJMB).* Bonn. 2003: 4).

3. Konkrete Zielsetzungen und Maßnahmen des EJMB

Neben den o.g. übergeordneten Zielen verfolgt das EJMB im Wesentlichen die 8 folgenden Zielsetzungen, welche nicht nur das öffentliche Bewusstsein steigern und auf Missstände aufmerksam machen sollen, sondern durch Reflexion, Informationen, Kommunikation und gezielter Öffentlichkeitsarbeit auch die Akzeptanz dieser Bevölkerungsgruppe und ihrer Belange verbessern sollen.

Sensibilisierung der Öffentlichkeit für das Recht der Menschen mit Behinderungen und Schutz vor Diskriminierung, sowie auf gleichberechtigte Ausübung von Rechten, d.h. auch Stärkung der u.a. in der Grundrechtscharta der Europäischen Union verankerten Rechte (Cf. Schulte. Behindertenrecht und Behindertenpolitik in der Europäischen Union. 2003. loc.cit. : 47).

Anregung zu Reflexion und Diskussion der Maßnahmen zur Förderung der Chancengleichheit für Menschen mit Behinderung in Europa (Cf. Schulte. Behindertenrecht und Behindertenpolitik in der Europäischen Union. 2003. loc.cit.: 47).

Förderung des Erfahrungsaustauschs auf lokaler, nationaler und europäischer Ebenez.B. über beispielhafte Verfahren und wirksame Strategien (Cf. Schulte. Behindertenrecht und Behindertenpolitik in der Europäischen Union. 2003. loc.cit.: 47).

Schaffung einer wohlwollenden Haltung durch Verbesserung der Kommunikation über Behinderungen, sowie durch positive Darstellung von Menschen mit Behinderungen, durch Hervorhebung ihres gesellschaftlichen Beitrags zu wertvoller menschlicher und gesellschaftlicher Vielfalt (Cf. Schulte. Behindertenrecht und Behindertenpolitik in der Europäischen Union. 2003. loc.cit.: 47).

Stärkung der Zusammenarbeit aller Beteiligten, wie staatliche Einrichtungen, Privatsektor, Interessengemeinschaften, Sozialer Dienste, Forscher, gemeinnützige Organisationen, Interessengemeinschaften, Menschen mit Behinderungen und ihre Familienangehörigen (Cf. Schulte. Behindertenrecht und Behindertenpolitik in der Europäischen Union. 2003. loc.cit.: 47).

Sensibilisierung und Schaffung von Verständnis bzgl. der Heterogenität der Bevölkerungsgruppe von Menschen mit Behinderung und die Vielfalt der Behinderungen (Cf. Schulte. Behindertenrecht und Behindertenpolitik in der Europäischen Union. 2003. loc.cit.: 47).

Sensibilisierung für das Recht Kinder und Jugendlicher mit Behinderungen auf Gleichbehandlung im Bildungsbereich, zur Förderung persönlicher, sozialer und beruflicher Entwicklung, Unterstützung ihrer gesellschaftlichen Integration und selbstverständlicherem Miteinander, sowie zur Förderung europaweiter Zusammenarbeit/ Austausch, um die Gestaltung von Integrationsprozessen in regulären oder besonderen Bildungseinrichtungen durch Austauschprogramme zu verbessern (Cf. EU (Hg.) Europäisches Parlament. *Aufzeichnung über Behindertenpolitik, Ausschuss für Beschäftigung und soziale Angelegenheiten.* 2003: 5. Online unter: www.eu.int/compare/empl/conferences/20031110/note_de.doc [12.03.2006]).

Zur Verwirklichung dieser Zielsetzungen dienten diverse Maßnahmen, wie auf EU-Ebene z.B. „die (...) Eröffnungsveranstaltung des EJMB“ (26.01.2003), die „EU-weite Informationskampagne (...) z.B. fuhr ein Bus (...) durch die gesamte Union (...) , um (...) Öffentlichkeitsarbeit (...) zu machen.“ Zudem verabschiedeten die Mitgliedsstaaten „Schlussfolgerungen zu den Folgemaßnahmen zum EJMB und zur Förderung der Chancengleichheit von Menschen mit Behinderungen“ (BMSG (Hg.). *Tätigkeitsbericht.* O.J. loc.cit.: 157ff). Auf nationaler und lokaler Ebene gab es verschiedenste Aktivitäten/ Programme, wie Treffen resp. Veranstaltungen; Informations- und Förderkampagnen bzgl. der Erarbeitung von Instrumenten und Hilfen, welche für Menschen mit Behinderungen aller EU-Mitgliedstaaten zugänglich sind; Zusammenarbeit mit Vertretern von Medien; europaweite Erhebungen, Studien und Berichte; Veranstaltungen zur Informationsbereitstellung z.B. über beispielhafte Verfahren; finanzielle Unterstützung von internationalen, nationalen, regionalen und lokalen Initiativen zur Umsetzung der Ziele des EJMB (EU (Hg.), 2001. Vorschlag für einen Beschluss des Rates über das Europäische Jahr für Menschen mit Behinderungen 2003. loc.cit.: 5). Darüber hinaus gibt es von der europäischen Kommission einen mehrjährigen Aktionsplan zum EJMB zur Unterstützung der Mitgliedsnationen bei der Umsetzung der Ziele in nationale Strategien. Insbesondere bzgl. Bekämpfung von Diskriminierung, aber auch zur „Anwendung der Richtlinie über die Gleichbehandlung in Beschäftigung und Beruf; Einbeziehung von Behindertenfragen in alle Bereiche; Verbesserung der Zugänglichkeit für alle" (BMSG (Hg.). *Tätigkeitsbericht.* O.J. loc.cit.: 157ff). Einzelne Schritte des Planes werden in einem Zweijahresbericht festgelegt. Die aktuelle Lageerfassung der Situation behinderter Menschen in Europa wird alle zwei Jahre in einem Kommissionsbericht veröffentlicht. (Cf. Deutscher Bundestag (Hg.), Drucksache 15/4575. 2004. loc.cit.: 174).

4. Umsetzung von europäischen Ansätzen und Einflüssen der Behindertenpolitik

4.1. Gedanken zur europäischen Gesetzgebung

Der europäische rechtliche und politische Rahmen stellt einen groben Überbau dar, d.h. es gibt keine europaweit geltenden gesetzlichen Regelungen für den Personenkreis von Menschen mit Behinderungen. Das konkrete sog. Behindertenrecht mit seinen Gesetzgebungen, sowie dem zugehörigen Sozialschutz unterliegt großteils den Mitgliedsnationen, was Vorteile (Gestaltungsspielraum) und Nachteile (Rechte sind nicht einklagbar) birgt. Allerdings gab es diverse Entschließungen der Räte zur Verbesserung der Situation von Menschen mit Behinderungen, wie dem Zugang zur Wissensgesellschaft (e-Accessibility), zu kulturellen Einrichtungen/ Aktivitäten, der Chancengleichheit in der Bildung, Förderung der Beschäftigung und der sozialen Eingliederung (Cf. BMSG (Hg.), *Tätigkeitsbericht.* O.J. loc.cit.: 159ff). Zudem ist eine Verfassung für Europa angedacht. Diese gibt es jedoch erst als Richtlinie, nicht als einheitliches handlungsbindendes Gesetz. U.a. sieht sie in Art.II-21 Nichtdiskriminierung, i.S. eines Diskriminierungsverbotes aufgrund einer Behinderung vor. (Cf. Bengel. 2006. Seminarunterlagen Modul 19, Studiengang Inclusive Education Evangelische Fachhochschule Darmstadt). Daneben gibt es einen EG-Vertrag, durch welchen die Union gemäß Artikel 13 nun Diskriminierungen u.a. aus Gründen einer Behinderung bekämpfen kann (Cf. EU (Hg.), *Vorschlag für einen Beschluss des Rates über das Europäische Jahr für Menschen mit Behinderungen 2003*. 2001. loc.cit.: 3).

Zudem wurde bei Sitzungen des Ad Hoc Commites der erste Entwurf zur „Schaffung einer internationalen Konvention zum Schutz und zur Förderung der Rechte und der Würde von Menschen mit Behinderungen (...) abgeschlossen" (BMSG (Hg.). *Tätigkeitsbericht.* O.J. loc.cit.: 160). Zudem gibt es eine Verpflichtung zur Ausarbeitung/ Durchführung von Programmen und Strategien (z.B. The European Disability Strategy 1996/ zwecks Kooperation der Mitgliedsländer, Förderung der Partizipation/ Teilhabe behinderter Menschen (Cf. EU (Hg.), *Politik für Menschen mit Behinderungen – neuere Entwicklungen. 2003*. loc.cit.: 3f), die allen Bürgern wirtschaftliche und gesellschaftliche Teilhabe ermöglichen sollen. Dementsprechend wird die rechtliche Umsetzung von Antidiskriminierungs-Rechtsvorschriften gefordert. Hierzu wurde 2004 von der Kommission auch ein Grünbuch zur Bekämpfung von Diskriminierungen in Europa (KOM/ 2004/379) veröffentlicht (Cf. EU (Hg.), *Vorschlag für einen Beschluss des Rates über das Europäische Jahr für Menschen mit Behinderungen 2003*. 2001. loc.cit.: 3). Dies fordert die umfassende Umsetzung bestehender Richtlinien zur Bekämpfung von Diskriminierungen in nationales Recht und räumt dieser hohe Priorität vor anderen Rechtsetzungen ein, auch wenn es dabei diverse Probleme gibt. Rechtsvorschriften sind neben praktischer Anwendung breit gefächerter Strategie- und Finanzierungsinstrumente, ein wichtiges Medium. Jedoch sind sie nicht das einzige Instrument für die Förderung von Nichtdiskriminierung und Teilhabe, auch wenn sie eine solide Basis dafür bieten (Cf. Deutscher Bundestag (Hg.), *Drucksache 15/4575*. 2004. loc.cit.: 174).

Parallel zu diesem Fundament sind allerdings, neben zu schaffenden förderlichen strukturellen Vorraussetzungen, insbesondere zwischenmenschliche Barrieren und Vorurteile gegenüber Menschen mit Beeinträchtigungen durch Information und Aufklärung abzubauen, damit menschliche Vielfalt und Verschiedenheit als positive Bereicherung wertgeschätzt werden. Schließlich hängt die Realisierung von Möglichkeiten zur echten, gleichberechtigten und umfassenden Teilhabe, sofern betroffene Menschen diese für sich nutzen möchten, in großen Maße von gesellschaftlichen Veränderungen ab. Ich denke, dass eine weniger ausgrenzende Grundhaltung gegenüber Menschen mit Behinderungen nur über einen langfristigen Prozess und mit Hilfe vieler Mitstreiter erreicht werden kann.

4.2. Folgen des EJMB auf die BRD

Für den langfristigen Erfolg des EJMB ist ein praxisorientiertes Konzept mit Neuerungen der Veranstaltungspraxis im EJMB wichtig, um die Bevölkerung auf Menschen mit Behinderung und deren Belange aufmerksam zu machen, aber auch einen rechtlichen Rahmen zu schaffen, der Teilhabe am Leben ermöglicht. Nichtdiskriminierung und Teilhabe können meines Erachtens demnach nur aus einem Zusammenwirken von zu schaffenden strukturellen Rahmenbedingungen mit notwendigen gesellschaftlichen Einstellungsänderungen in Verbindung mit zwischenmenschlichen Begegnungen erfolgen. Als Anregung für künftige Entwicklungen sind hier besonders Veranstaltungen wichtig, die Menschen miteinander in Kontakt bringen, und solche, die Personen, denen sonst oft der Zugang zu manchen Lebensbereichen, wie z.B. Bildung, erschwert ist, die Möglichkeit der Auseinandersetzung damit zu bieten.

Diesbezüglich wurde z.B., gemäß dem Schwerpunkt Beschäftigungspolitik der ersten Phase des o.g. Aktionsplans, die Initiative Jobs ohne Barrieren organisiert. Dadurch wollte das Bundesgesundheitsministerium „die Ausbildung behinderter Jugendlicher fördern und die Beschäftigungschancen schwerbehinderter Menschen verbessern (...) Die Kampagne richtet sich vor allem an Unternehmen und möchte diese zu Partnern (...) machen. Auch die betriebliche Prävention (...) soll gestärkt werden“ (Bundesgesundheitsministerium (Hg.), *job. Jobs ohne Barrieren*. 2004. loc.cit.: 1). Dennoch gestaltet sich die Situation auf dem ohnehin zugespitzten Arbeitsmarkt mit zunehmendem Leistungs-/ Konformitätsdruck für zahlreiche Menschen mit Handicap, trotz teilweise bemerkenswerter Anstrengungen und erstaunlicher persönlicher Bemühungen um eine Beschäftigung, nach wie vor extrem schwierig! Zudem bringt der verwehrte resp. erschwerte Zugang zu beruflicher Tätigkeit resp. das Herausfallen aus dem regulären Arbeitsleben teilweise gravierende psychosoziale Folgen und nicht unerhebliche wirtschaftliche Benachteiligungen mit sich!

Im Rahmen des EJMB sind außerdem die Disability Studies zu nennen, die während des EJMB, in Form einer zweiwöchigen Fortbildung bei der Sommeruniversität in Bremen erstmals stattfanden! Den 300 Teilnehmern wurde ein breites Programm geboten, sich zu informieren, wobei sich Wissenschaftler untereinander, sowie im direkten Kontakt mit behinderten Studenten bzgl. ihrer Forschungsergebnisse austauschen konnten. Hierzu gab es zahlreiche Bildungsveranstaltungen, wie rechtliche Schulungen, Betroffenenberatung, Analysen von Diskriminierung bei Frauen mit Behinderung, persönliche Zukunftsplanung von Menschen mit Lernschwierigkeiten resp. Umgang mit Medien oder thematische Workshops.

4.3. Rechtliche Folgen des EJMB für die BRD

Des Weiteren sind zur Erfolgssicherung konkrete nationale Gesetze i.S. einer juristischen Basis notwendig, worauf in der BRD einige rechtliche Änderungen (Reformen, neue Gesetze, Gesetzesentwürfe) erfolgten. Jedoch gestaltet sich die Umsetzung z.T. schwierig, obwohl der Staat über Grundlagen und zahlreiche staatliche Kompetenzen verfügt, um Gesetze bzgl. Behindertenhilfe und Rehabilitation zu erlassen. Denn: Die Zuständigkeit/ Kompetenzen für Behindertenpolitik/-recht liegt durch die föderalistische Struktur teils bei den Bundesländern (kommunal-regional) (Cf. EU (Hg.), *Politik für Menschen mit Behinderungen – neuere Entwicklungen*. 2003. loc.cit.: 8).

4.3.1. Gesetzesreformen in der BRD

Der Bewusstseinswandel und die Weiterentwicklung der Behindertenhilfe erfordern gesetzliche Änderungen zu Gunsten der Verbesserung der Lage behinderter Menschen. Politisch hat sich hier einiges getan. So entwickelte sich – unabhängig zum EJMB – das Sozialgesetzbuch IX (SGB IX/ Rehabilitation und Teilhabe behinderter Menschen). Es setzt auf bürgernahe Kooperation und Koordination von Rehabilitationsträgern unter Einbezug behinderter Menschen, zur effektiven Leistungserbringung i.S. von Teilhabe, Chancengleichheit und Integration. Es trat am 1. Juli 2001 in Kraft. Zur Veränderung/ Verbesserung/ Erweiterung erfolgte 2004 die Novellierung, auch wenn es am Umfang der praktischen Umsetzung noch immer mangelt (Cf. Schulte, Behindertenrecht und Behindertenpolitik in der Europäischen Union. 2003. loc.cit.: 46).

4.3.2. Antidiskriminierungsgesetz (ADG)

Das ADG ist jedoch noch nicht erlassen! Es soll den durch europäische Richtlinien (z.B. im Gleichbehandlungsgrundsatz) geforderten Schutz von Minderheiten, wie Menschen mit Behinderung, vor Diskriminierung, gesetzlich verankern. Daneben soll es dazu beitragen, den Auftrag des Grundgesetzes (z.B. Benachteiligungsverbot aufgrund einer Behinderung, Cf. Artikel 3 GG) umzusetzen. Dabei gelten Benachteiligungen u.a. aufgrund einer Behinderung gemäß § 1 ADG als Diskriminierung. Dadurch, dass betreffende Personen Rechtsansprüche gegen Arbeitgeber und Private erhalten, wenn diese sich ihnen gegenüber in gesetzeswidriger Weise verhalten, soll es zu Verbesserungen vor allem im arbeitsrechtlichen (cf. § 6 Abs. 1 ADG) Bereich, durch Schutz für Beschäftigte vor Ungleichbehandlung (mittelbare Diskriminierung, Belästigung, sexuelle Belästigung) kommen. Dabei bezieht sich das ADG auf Bildung, Berufsaus-/Fortbildung, Arbeitsverhältnis, Gewerkschaftsmitgliedschaft, Sozialschutz, Zugang/ Versorgung mit Gütern und Dienstleistungen, wie z.B. Wohnraum (cf. § 2 Abs. 1 ADG). Daneben greift das ADG aber auch schützend in den Privatrechtsverkehr ein. Bei Verstößen gegen Diskriminierungsverbote besteht Anspruch auf Beseitigung der Diskriminierung (§ 22 Abs. 1 S. 1 ADG) und auf Unterlassung künftiger Diskriminierungen (§ 22 Abs. 1 S. 2 ADG), resp. auf Vertragsabschluss, der ohne Diskriminierung zustande gekommen wäre (§ 22 Abs. 2 ADG) resp. auf Schadensersatz (§ 22 ADG).

Eine Gefahr der Willkür liegt allerdings darin, dass entsprechend begründete Ausnahmen zulässig sind, worauf Ungleichbehandlungen sanktionslos sein können! Ein früherer Entwurf sah die Eingliederung des ADG ins Bürgerliche Gesetzbuch (BGB) vor. Letztendlich sollte es dann doch ein eigenständiges Gesetz werden. Es wurde am 17.6.2005 vom Bundestag verabschiedet und am 8.7.2005 vom Bundesrat erstmals abgelehnt und an einen Vermittlungsausschuss weitergegeben und von diesem am 5.9.2005 vertagt. Durch Regierungswechsel kam es zum Streit, ob die zivilrechtlichen Reglungen für andere Minderheiten auch z.B. auf Menschen mit Behinderung anwendbar sind. Die CDU fordert eine hundertprozentige Umsetzung, die SPD sieht eine Erweiterung vor. Die Grünen brachten den ADG-Entwurf am 20.1.06 erneut in den Bundestag, wo er von SPD, Grüne, Linksfraktion unterstützt, von CDU und FDP allerdings abgelehnt wurde, weshalb er erneut scheiterte. Das Scheitern des ADG verdeutlicht meines Erachtens die Unstimmigkeiten der Einstellungen und Haltungen gegenüber Menschen mit Behinderungen – auch auf Regierungsebene. Daneben stellt es eigentlich ein Armutszeugnis für die strukturellen Vorraussetzungen zur Gleichberechtigung, Gleichstellung und Teilhabe für Mitbürger mit Handicap in der BRD dar. Durch die Nichtumsetzung der Antidiskriminierungsrichtlinien 2000/43/EG und 2000/78/EG verstößt die BRD außerdem gegen die Umsetzungsforderung europäischer Richtlinien! Deshalb verklagte die Kommission die BRD, welche daraufhin vom Europäischen Gerichtshof verurteilt wurde. Trotzdem besteht für einzelne, jedoch nur unter bestimmten Vorraussetzungen und im Verhältnis Bürger/ Staat, die Möglichkeit, direkte Rechtsansprüche aus den Richtlinien abzuleiten, wie ein positives Urteil des ArbG Berlin vom 13.7.2005 belegt. Da dies mangels gültigen Nationalgesetzes bei Diskriminierungen zwischen Privatbürgern nicht möglich ist, verfehlt es allerdings den Hauptsinn des ADG (Cf. Ohne Autorenangabe, Wikipedia-Antidiskriminierungsgesetz).

4.3.3. Das Bundesgleichstellungsgesetz (BGG)

Hingegen ist in Deutschland bereits seit 1. Mai 2002 das neue BGG in Kraft. Es soll behinderte Menschen einbeziehen, ihnen einen Rechtsanspruch auf Gleichberechtigung bringen und Barrieren abbauen, damit sie am Leben in der Gesellschaft teilhaben können, ohne ständig von gesellschaftlicher Fürsorge abhängig zu sein. Kernpunkt ist hier das Benachteiligungsverbot und die dreifache (bauliche, technologische und sprachliche) Barrierefreiheit

(§ 4 BGG), zur Förderung der Teilhabe in allen Lebensbereichen. Das BGG beinhaltet entsprechende Vorschriften, Begriffsdefinitionen, behördliche Reglungen, Belange behinderter Frauen, Benachteiligungsverbot, Verpflichtung zu Barrierefreiheit in (Verwaltungs-) Gebäuden für erschwernisfreie, hilfsunabhängige Zugänglichkeit und Nutzbarkeit gehbehinderter Menschen, Acessebility wie z.B. barrierefreies Internet, kontrastreiche Gestaltung der Lebensumwelt sowie Vordrucke resp. Wahlrechtsregelungen für sehbehinderte Menschen, Publikationen in „leichter Sprache" für Menschen mit Lernschwierigkeiten, Kommunikation über Gebärdendolmetscher oder Kommunikationshilfen, sowie Anerkennung der Deutschen Gebärdensprache und lautsprachbegleitenden Gebärden, sowie das Recht diese zu benutzen. Neuerungen des BGG zeigen neue Wege zur Verbesserung der Lebenssituation behinderter Menschen, parallel zum o.g. Paradigmenwechsel, auf. Sie bringen praktische Vorteile und unterstützen die Unabhängigkeit von Helfern (z.B. Mobilität durch barrierefreies Bauen). (Cf. Deutscher Bundestag (Hg.), Drucksache 15/4575. 2004. loc.cit.: 118f).

Das BGG ist ein Wegweiser in die richtige Richtung und bringt sicherlich zahlreichen Menschen Erleichterungen und Verbesserungen z.B. in der Bewältigung ihres Alltags. Dennoch erscheint mir die vollständige Umsetzung dieser Ideale angesichts der Vielfalt von Beeinträchtigungen unter den derzeitigen Rahmenbedingungen unrealistisch zu sein. Hierzu möchte ich beispielsweise das übergeordnete Ziel bauliche Barrierefreiheit nennen: Diese lässt sich z.B. in einem öffentlichen Gebäude durch bauliche Veränderungen und/ oder technische Anpassungen z.B. für Menschen mit Körper- oder Sinnesbehinderung herstellen, doch eine vollständige räumliche Barrierefreiheit für alle Menschen, wie z.B. Personen mit psychischer Beeinträchtigung (Ängste, psychotische Zustände, etc.) gestaltet sich in der Umsetzung nicht unproblematisch.

Daneben gibt es für die Gleichstellung behinderter Menschen keine einheitlichen Regelungen, sondern wiederum geteilte Zuständigkeiten und deshalb landesrechtliche Vorschriften! Doch mangelt es an der Umsetzung; so gibt es auf Länderebene Benachteiligungen, z.B. in Ausbildungs- und Beschäftigungsverhältnissen, wodurch Änderungsnotwendigkeiten wie in Landesbauordnungen, Kindergarten-, Schul-, Weiterbildungs- und Hochschulgesetzen und Prüfungsbestimmungen notwendig werden (Cf. Frehe, Vortrag Gleichstellung. Gleichstellungsrecht für Menschen mit Behinderungen. 2005. Online unter: www.deutsche-gesellschaft.de/docs/vortrag_gleichstellung_kiel.pdf [13.03.2006]). Für Gleichstellungsgesetze der Länder und deren praktische Verwirklichung dient das BGG als Orientierung mit Signalwirkung. Davor hatten wenige Länder ein Gleichstellungesetz (ab 1999), viele verabschiedeten auf das BGG hin (vorwiegend 2003 bis 2005) ein Gesetz. Bedauerlicherweise haben noch immer nicht alle Bundesländer ein solches Gesetz, wie z.B. Hessen, was damit länderinterner Rechtsgrundlage entbehrt.

Die Schwierigkeit einer einheitlichen Regelung durch den Spielraum der Landesgleichstellungsgesetze verdeutliche ich am Beispiel Gebärdensprache, resp. an den Auswirkungen für Menschen mit Hörbeeinrächtigungen: Wie oben erwähnt, erkennt das BGG die Gebärdensprache an (Meilenstein). Auch einige Landesgleichstellungsgesetze (Bayern, Berlin, Brandenburg, Bremen, Sachsen, Schleswig-Holstein) erkennen die Deutsche Gebärdensprache (DGS) als eigenständige Sprache, Lautsprachbegleitende Gebärden (LBG) als Kommunikationsform der deutschen Sprache, sowie das Recht sich DGS und LBG resp. anderer geeigneter Kommunikationshilfen zu bedienen, an. Zudem werden bei Notwendigkeit zur Wahrung der Rechte gegenüber Verwaltung/ Behörden, die Kosten für

Gebärdendolmetscher übernommen. Andere (Nordrhein-Westfalen, Rheinland-Pfalz, Saarland, Sachsen-Anhalt) erkennen Gebärdensprache hingegen nicht ausdrücklich an, aber das Recht sich ihrer zu bedienen. Neben so grundsätzlichen Differenzen beinhalten diese Gesetze z.T. auch Unverbindlichkeiten, welche für Betroffene fatale Folgen haben, da sie ihnen mitunter Rechtsansprüche verwehren. So besteht z.B. im Gesetz zur Gleichstellung behinderter Menschen des Landes S-H Art. 4 nur eine Verpflichtung zur Unterrichtserteilung in DGS/ LBG an Sonderschulen, aber für gemeinsame Beschulung „kann der Unterricht für die Schülerinnen und Schüler mit Hörbehinderung auch in DGS oder lbG erteilt werden", jedoch durch die Klausel „im Rahmen der personellen Möglichkeiten" unter Vorbehalt (Deutsche Gesellschaft (Hg.), (3) Synopse. *Bundesgleichstellungsgesetze für Menschen mit Behinderung. Vergleich der Auswirkungen auf die Situation hörbehinderter Menschen auf Länderebene.* o.J.: 1ff. Online unter: http://www.deutsche-gesellschaft.de/modules.php?name=-Content&pa=showpage&pid=5 [15.03.2006]).

Jedoch setzen sich auch Länder ohne Gleichstellungsgesetz für dessen Ziele ein, wie z.B. Hessen für barrierefreies Bauen im Mietwohnungsbau. Gesetzlich kann ein Mieter vom Vermieter die Zustimmung für seine Nutzung oder zum Zugang erforderlichen behindertengerechten Umbauten verlangen (Deutscher Bundestag (Hg.), Drucksache 15/4575. 2004. loc.cit.: 126). Bezüglich der Vorteile hinsichtlich verbesserter Teilhabe ist es wünschenswert, dass Änderungen auch im Privat- und Freizeitbereich bewirkt werden.

5. Fazit und Ausblick

Für mich war die Auseinandersetzung mit dem EJMB 2003 interessant, obwohl die Einarbeitung in eine neue Thematik in kurzer Zeit schwierig war. Dadurch war eine Vertiefung nicht in allen Punkten möglich. Jedoch wurde mir dabei wieder einmal bewusst, dass die Thematik ‚Behinderung' eine dauerhafte Aktualität besitzt und nicht nur vor dem Hintergrund des EJMB ein vorrangiges Thema ist! Dies wird auch aus dem vielfältigen Spektrum an Veranstaltungsprogrammen zur Schaffung eines stärkeren öffentlichen Bewusstseins und zur europaweiten Sensibilisierung der Öffentlichkeit für die Rechte und Belange von Menschen mit Behinderungen deutlich. Die geballte Konzentration der Thematik im Rahmen eines speziellen Jahresmottos bietet sicherlich den Vorteil vermehrter Präsenz und effektiver Bearbeitung der Fragestellung in Politik und Gesellschaft.

Die EU Politik zielt darauf ab, dass behinderte Menschen ihr Leben weitgehend selbstbestimmt und ohne Diskriminierungen gestalten können, aber letztendlich bietet die europäische Ebene nur einen Rahmen, für dessen Umsetzung und Ausgestaltung die Nationen im strukturellen Sinne und letztendlich auch jeder einzelne Bürger Sorge tragen. Doch sind Ziele des EJBM in so fern aber sicherlich langfristig und nachhaltig wirksam, in dem sie europa- resp. bundesweit (z.B. ein verfassungsrechtliches Verbot von Diskriminierung in der BRD) eine gesetzliche Grundlage und damit auch ein politisches Diskussionsforum bieten, die dem Schutz Betroffener durch Vermeidung von Diskriminierung und der Verwirklichung gesellschaftlicher Teilhabe dienen. Dabei hat es den Anschein, dass auch auf europäischer Ebene verbindliche Gesetze vermieden werden und durch Richtlinien ein undefinierter Spielraum entsteht. Auf bundesdeutscher Ebene gibt es zwar Verbindlichkeiten, wie das GG, und tief greifende Gesetze der letzten Jahre wie SGB resp. BGG, doch sorgen bei letzterem die uneinheitlichen, resp. fehlenden Landesgesetze für Verwirrung. Sicherlich verwehrt diese Undurchsichtigkeit im Gesetzesdschungel eines noch nicht einmal sehr großen und eigentlich in vielen Bereichen doch so organisierten und bürokratisiertem Landes wie Deutschland, zahlreichen als behindert bezeichneten Menschen den Zugang zu dem vorrangig für sie relevanten Wissen. Trotzdem ist die aktuelle Politik bemüht, dem Paradigmenwechsel Rechnung zu tragen, sowie Diskriminierung und soziale Ausgrenzung zu bekämpfen. Dies verdeutlicht die Schwerpunktverlagerung, wonach Betroffene, aber auch ihre Verbände, mittels Anhörungs- und Beteiligungsrechten, als Experten in eigener Sache vermehrt beteiligt wurden, was auf weitere Bemühungen in diese Richtung hoffen lässt.

Obgleich mir persönlich die Informationen über das EJMB unzureichend erschienen und ich mir eine intensivere Öffentlichkeitsarbeit, Presseresonanz resp. mediale Thematisierung gewünscht hätte, brachte das EJMB Erfolge. Diese sind allerdings nur schwer greifbar, da sie sich aufgrund der umfassenden Problematik nicht ausschließlich an der der kaum fassbaren Zahl der durch Aktionen erreichten Menschen, oder an erlassenen Gesetzen resp. aufgewendeten Fördermitteln festmachen lässt. Jedoch sind bisherige Gesetzesgrundlagen wichtige Meilensteine auf dem Weg zur Verwirklichung einer integrativen/ inklusiven Gesellschaft für alle Menschen, die jedem weitgehende Selbstbestimmung und uneingeschränkte Teilhabemöglichkeiten in allen Lebensbereichen eröffnet.

Doch weder die zunehmende Präsenz von Mitbürgern mit Handicap, auch im öffentlich-politischen Raum, und die Förderung struktureller Rahmenbedingungen für Teilhabe und Chancengleichheit, noch die Herstellung der Chancengleichheit allein durch rechtliche Verankerung, Diskriminierungsbekämpfung und Aufklärungsarbeit sind ausreichend, um nachhaltige Verbesserungen der Situation zu bewirken. In der Realität begegnet man Menschen mit Handicap leider noch immer häufig mit Vorurteilen. Menschen mit Behinderung werden noch viel zu oft auf ihre Behinderung reduziert betrachtet, sie erfahren Benachteiligung, oder sind in den verschiedensten Lebensbereichen Diskriminierungs- und Ausgrenzungsprozessen ausgesetzt. Hinzu kommt, dass Menschen mit Behinderungen besonders stark von den Auswirkungen der wirtschaftlich bedingten finanziellen Einsparungen, z.B. im Gesundheitswesen resp. in der Gewährung von sozialen Leistungen, betroffen sind. Angesichts dieser Lage ist es positiv zu bewerten, dass beispielsweise viele Menschen vom EJMB erfahren und sich informiert haben. Das Interesse an behindertenpolitischen Themen/ Problematiken hat sich dadurch verstärkt, sowie das Verständnis für die Belange und Rechte behinderter Menschen vergrößert, wodurch sich evtl. einige auch ihrer Mitverantwortung bewusst wurden, was größere gesellschaftliche Tragfähigkeit ermöglicht. Letztere ist, in Verbindung mit gesellschaftlichen Einstellungs-/ Haltungsänderungen gegenüber Mitbürgern mit Beeinträchtigungen, neben den zu schaffenden umfangreichen strukturellen Bedingungen, eine entscheidende Vorraussetzung, um eine inklusive Gesellschaft in einem langfristigen Prozess schrittweise zu verwirklichen. Die Realisierung einer positiv bereichernden menschlichen Vielfalt ist meines Erachtens eine notwenige Herausforderung, die vor allem überzeugte Mitstreiter braucht! Hieraus wird ersichtlich, dass noch viele Veränderungen auf unterschiedlichen Gebieten erforderlich sind.

Zusammenfassend regen sicherlich viele Maßnahmen zum EJMB Diskussionen an, gaben Anstöße für Veränderungen und brachten für Menschen mit Behinderungen Fortschritte zur Förderung ihrer Teilhabe, Selbstbestimmung und Gleichstellung, die über den Impuls den das EJMB europaweit und national gab, hinaus wirken, auch wenn es noch immer Erschwernisse und Unzulänglichkeiten gibt. So gab das EJMB den Anlass, auf europäischer Ebene Integrationshemmnisse abzubauen, zum weiteren sozialen Wandlungsprozess beizutragen und grundlegende Einstellungen gegenüber Menschen mit Behinderungen langfristig zu ändern. Hierzu ist bzgl. der Behindertenthematik länderübergreifender Austausch, gegenseitige Unterstützung/ Zusammenarbeit aller Beteiligten, sowie die langfristige Zielplanung durch den mehrjährigen Aktionsplan (Zeitrahmen vorerst bis 2010) in den politischen Bereichen der EU notwendig. Hierdurch können die Anwendung Antidiskrimierungsrichtlinien, die Ausweitung der Barrierefreiheit zwecks gleichem Zugang und Teilhabe, weiterhin die Chancengleichheit und vollständige wirtschaftliche und gesellschaftliche Integration von Menschen mit Behinderung dauerhaft gefördert werden und so den besonderen Bedürfnissen von Menschen mit Behinderungen Rechnung tragen. Somit bleibt die angestrebte Teilhabe und Verwirklichung der Bürgerrechte von Menschen mit Behinderungen trotz verstärkten Einsatzes der EU zur Förderung der Rechte behinderter Menschen, über das impulsgebende EJMB hinaus ein aktuelles Thema, welches als Basis für langfristigen Erfolg weiterhin politisches Engagement und Maßnahmen zur Umsetzung der Chancengleichheit, Sensibilisierung und Aufklärung, zwecks Verständnis für Bedürfnisse und Akzeptanz behinderter Bürger, erfordert.

Stefanie Krach
EJMB und europäische Richtlinien – Auswirkungen europäischer Behindertenpolitik auf die Ausgestaltung des Antidiskriminierungs- bzw. Allgemeinen Gleichbehandlungsgesetzes in Deutschland

1. Menschen mit Behinderungen in Europa und europäische Behindertenpolitik

In der EU leben ca. 37 Mio. Menschen(Die Zahl ist dabei abhängig von der Definition des Begriffs „Behinderung" http://www.verbrauchernews.de/ artikel/0000009630.html, Stand: 22.3.06.), die als behindert bezeichnet werden, was bei einer gesamteuropäischen Bevölkerung von 456 Millionen Menschen (s. http://www.bdi.de/bdi/content/055/010/04090201.-sp;jsessionid=7698C79D34B79BADF873C8CA9F998FC3, Stand: 22.3.06.) etwa 8% ausmacht. Menschen mit Behinderungen finden trotz ihrer relativ großen Zahl auf europäischer Ebene in den Bereichen öffentliches Interesse und Politik jedoch eine verhältnismäßig geringe Beachtung. Um dies zu ändern und Benachteiligungen für Menschen mit Behinderungen abzubauen, hat der Rat der EU 1996 eine Entschließung zur Chancengleichheit für behinderte Menschen (s. Amtsblatt C 12 vom 13.1.1997; online: http://europa.eu/scadplus/leg/de/cha/c11412.htm, Stand: 22.3.06.) verabschiedet.

Um Chancengleichheit für behinderte Menschen zu erreichen, bedarf es einer breit angelegten Strategie, denn durch eine rechtliche Gleichstellung aller Menschen allein ist Chancengleichheit noch nicht erreicht, sondern erst, wenn alle Menschen ihre rechtlichen Chancen auch nutzen und umsetzen können. Dazu müssen vor allem auch Barrieren in den Köpfen von Mitmenschen abgebaut werden.

Diesen Anforderungen versucht die europäische Behindertenpolitik durch politisches Wirken in zwei Richtungen nachzukommen: Zum einen durch politische Vorgaben und Programme und zum anderen durch die Aufklärung der Öffentlichkeit mittels europaweiter Aktionen.

Im Rahmen politischer Maßnahmen wurden unter anderem Richtlinien erlassen, in denen Diskriminierung von Menschen aufgrund bestimmter Merkmale – unter anderem das Merkmal ‚Behinderung' – im Arbeits- und zivilrechtlichen Bereich verboten wurde, und welche von den einzelnen Mitgliedstaaten per Strafe innerhalb einer gesetzten Frist in die nationale Gesetzgebung übernommen werden müssen. Um die Öffentlichkeit hinsichtlich der Situation von Menschen mit Behinderungen zu informieren und sensibilisieren, wurde, als eine Maßnahme, vom Rat der EU das Jahr 2003 zum Europäischen Jahr für Menschen mit Behinderungen (EJMB) erklärt.

Im folgenden Text sollen nun die verschiedenen Wirkweisen europäischer Behindertenpolitik auf europäischer wie auf nationaler – hier deutscher – Ebene etwas näher thematisiert werden. Dazu wird im Kapitel zwei das EJMB bezüglich seiner Grundlagen, Zielsetzungen und Umsetzung im europäischen wie im deutschen Kontext dargestellt. Im dritten Kapitel wird dann auf den Transfer der europäischen Antidiskriminierungsrichtlinien in die deutsche Gesetzgebung im Rahmen des Antidiskriminierungs- bzw. Allgemeinen Gleichbehandlungsgesetzes eingegangen. In den abschließenden Bemerkungen wird ein zusammenfassendes Fazit gezogen.

Da der Rahmen dieses Beitrags begrenzt ist, kann leider nur eine sehr reduzierte Darstellung des EJMB sowie eine fragmenthafte Beleuchtung des Transfers von Zielsetzungen des EJMB und europäischer Richtlinien in nationales Recht und Politik erfolgen. Es wird an dieser Stelle angemerkt, dass es auf Grund vieler schon abgeschalteter Internetseiten, vor allem der offiziellen EJMB-Webseiten schwierig ist, offizielle bzw. fundierte Informationen zum EJMB und dessen Zielsetzungen, Veranstaltungen und Ergebnissen zu bekommen. Deshalb kann es sein, dass die folgende Arbeit trotz des Bemühens um eine möglichst objektive Darstellung möglicherweise einseitig geprägt ist, was in der genannten Begrenztheit der Informationsquellen, die sich hauptsächlich auf Behindertenverbandsseiten finden lassen, begründet liegt.

Weiterhin bleibt anzumerken, dass aus Gründen der flüssigeren Lesbarkeit bei Personen- und Berufsbezeichnungen stets nur die männliche Schreibweise verwenden wurde, wobei Frauen aber explizit mitgedacht wurden.

2. Grundlagen und inhaltliche Zielsetzungen des Europäischen Jahres für Menschen mit Behinderungen 2003

2.1. Grundlagen, Zielsetzungen und Maßnahmen im Rahmen des EJMB

a) Grundlagen

Das Europäische Jahr für Menschen mit Behinderungen 2003 basiert auf einem Ratsbeschluss vom 3.12.2001. (s. Ratsbeschluss 2001/903/EG, L335/15-L335/20.) Dieser Ratsbeschluss greift auf die rechtlichen Bestimmungen des EG-Vertrages, vor allem auf den Artikel 13 zurück, sowie auf die Grundrechte, die in der Grundrechtcharta der Europäischen Union stehen. Bei der Begründung des Jahres sowie dessen inhaltlichen Zielsetzungen wird darüber hinaus auf verschiedene Entschlüsse, Erklärungen und Hinweise, die auf europäischer Ebene festgehalten wurden, verwiesen. (s. http://europa.eu.int/comm/employment_social/ soc-prot/disable/com271/comfinal_de.pdf, Stand: 22.2.2006.) Auf diese einzelnen Grundlagen des EJMB soll an dieser Stelle nicht näher eingegangen werden, da sie detailliert im Ratsdokument nachzulesen sind. (s. http://europa.eu.int/comm/employment_social/soc-prot/disable/com271/comfinal_de.pdf, Stand: 22.2.2006.)

b) Zielsetzungen

Das Europäische Jahr für Menschen mit Behinderungen soll – laut Ratsdokument – europaweit für die Situation und Rechte von Menschen mit Behinderungen sensibilisieren und zwar zum einen durch europaweite Maßnahmen sowie zum anderen mittels nationaler, regionaler und kommunaler Projekte und Aktionen.

Menschen mit Behinderungen soll im diesen Jahr – anders als im UNO-Jahr der Behinderten 1981, indem Kostenträger und Institutionen über Menschen mit Behinderungen redeten, statt mit ihnen (s. http://www.forsea.de/archiv/ archiv_2002_09_gedanken_zu-

_ejmb.shtml, Stand: 09.03.2006.) – Raum gegeben werden, ihre Interessen und Anliegen öffentlich zu machen.

Die einzelnen Zielsetzungen des EJMB sind – gemäß dem Ratsdokument 2001/903/EG – folgende (es werden an dieser Stelle die Originalzielsetzungen aus dem Ratsdokument zitiert, um sie nicht durch eine persönliche Wiedergabe eventuell subjektiv zu verfälschen oder/ und damit im Dokument sprachlich gesetzte, inhaltliche Schwerpunkte zu verschieben):

a) Sensibilisierung für das Recht der Menschen mit Behinderungen auf Schutz vor Diskriminierung und auf umfassende und gleichberechtigte Ausübung ihrer Rechte;
b) Anregung von Reflexionen und Diskussionen über Maßnahmen zur Förderung der Chancengleichheit für Menschen mit Behinderungen in Europa;
c) Förderung des Erfahrungsaustauschs über beispielhafte Verfahren und wirksame Strategien, die auf lokaler, nationaler und europäischer Ebene entwickelt wurden;
d) Stärkung der Zusammenarbeit aller Beteiligten, insbesondere der Entscheidungsträger, Sozialpartner, NRO, Sozialdienste, des Privatsektors, der Interessengemeinschaften, gemeinnütziger Organisationen, der Menschen mit Behinderungen und ihrer Familienangehörigen;
e) Verbesserung der Kommunikation über die Behinderung und Förderung einer positiven Darstellung der Menschen mit Behinderungen;
f) Sensibilisierung für die Heterogenität der Bevölkerungsgruppe der Menschen mit Behinderungen und die Vielfalt der Behinderungen;
g) Sensibilisierung für die vielfältigen Formen der Diskriminierung, denen Menschen mit Behinderungen ausgesetzt sind;
h) besondere Aufmerksamkeit im Hinblick auf die Sensibilisierung für das Recht der Kinder und Jugendlichen mit Behinderungen auf Gleichbehandlung im Bildungsbereich, damit ihre volle Eingliederung in die Gesellschaft gefördert und unterstützt wird, sowie im Hinblick auf Förderung der Entwicklung einer europaweiten Zusammenarbeit zwischen den für die Gestaltung des Unterrichts für Kinder und Jugendliche mit Behinderungen zuständigen Fachkreisen, um die Integration der Schüler und Studierenden mit besonderen Bedürfnissen in den in allgemeinen oder besonderen Bildungseinrichtungen sowie bei den einzelstaatlichen und europäischen Austauschprogrammen zu verbessern (Ratsdokument 2001/ 903/ EG, II Art. 2, L 335/16 – L 335/17.9)

c) Maßnahmen zur Umsetzung des EJMB

Um diese Ziele zu erreichen, sollten Treffen und Veranstaltungen, Informations- und Förderkampagnen der EU-Mitgliedstaaten, die Zusammenarbeit von Medienorganisationen sowie gemeinschaftsweite Erhebungen und Studien auf EU-weiter, nationaler und regionaler Ebene durchgeführt werden. (s. Ratsdokument 2001/903/EG, Artikel 3.)

Eine europaweite Maßnahme war zum Beispiel ein Info-Bus, der bei der länderübergreifenden Eröffnungsveranstaltung in Athen starte und bis zur Abschlussveranstaltung in Rom während des gesamten EJMBs durch alle Mitgliedstaaten fuhr und in verschiedenen europäischen Städten Halt machte, um mittels Veranstaltungen über das EJMB zu informieren. (s. http://www.berlin.de/sengsv/soziales/ejmb1.html, Stand: 09.03.2006.)

Europaweiten Gemeinschaftsmaßnahmen wie der Info-Bus sowie die Koordination des Meinungs- und Informationsaustausches zum EJMB zwischen Behindertenvertretern aus ganz Europa und zur Informationsweitergabe lag in den Händen der EU-Kommission bzw. eines eigens dafür bestimmten Ausschusses. (s. Ratsdokument 2001/903/EG, Artikel 4 sowie Artikel 6.)

Auf der nationalen Ebene waren die einzelnen Mitgliedstaaten für die Durchführung und Abstimmung von denen im Artikel 3 des Ratsbeschlusses vorgesehenen Maßnahmen zuständig. Dafür sollte in jedem Mitgliedsland eine nationale Koordinierungsstelle eingerichtet werden. (s. Ratsdokument 2001/903/EG, Artikel 5.) In Deutschland wurde diese vom Bundesministerium für Gesundheit und Soziale Sicherheit (BMGS) eingerichtete Stelle von Horst Frehe, der selbst körperbehindert ist, geleitet. (s. http://www.forsea.de/projekte/Gesetzesreformen/ejmb_bilanz.shtml, Stand: 10.3.06.)

2.2. Zielsetzungen von Menschen mit Behinderungen bzgl. des EJMB: Erklärung von Madrid

Der eben hinsichtlich Zielen, Maßnahmen und Aufgabenverteilung kurz umrissene Entschluss des Rates zum EJMB wurde Gegenstand des Europäischen Behindertenkongresses 2002 in Madrid. Bei diesem Kongress wurden Visionen formuliert, welche einen konzeptionellen Rahmen für das EJMB bilden sollten und die in der sogenannten Deklaration von Madrid veröffentlicht wurden. (s. http://www.madriddeclaration.org/dec/Die%20-Deklaration%20von%20Madrid, Stand: 10.03.2006.) Diese beschreiben, wie Menschen mit Behinderungen in Zukunft gesehen werden möchten und sollen, nämlich als gleichwertige, sichtbare Bürger mit Rechten und Kompetenzen, die selbstbestimmt für sich sprechen können und nicht mehr als Objekte der Fürsorge, die durch sogenannte Professionelle fremdbestimmt werden, wahrgenommen werden wollen. Zudem möchten und sollen Menschen mit Behinderungen in alle gesellschaftliche Bereiche integriert werden, bzw. es soll eine Gesellschaft für alle wachsen.

Als Startpunkt zur Realisierung dieser Visionen sahen die Teilnehmer des Behindertenkongresses das EJMB als geeignete Basis an und schlugen hierfür ein Programm vor, welches insgesamt acht Aspekte anspricht. So wird die Notwendigkeit gesehen, mittels gesetzlicher Maßnahmen, vor allem einem Antidiskriminierungsgesetz, der Änderung von Einstellungen zu Menschen mit Behinderungen in der Gesellschaft, der Bereitstellung von Dienstleistungen für ein unabhängigeres Leben, der Unterstützung von Familien mit behinderten Mitgliedern, der speziellen Aufmerksamkeit gegenüber behinderten Frauen, der Integration von Menschen mit Behinderungen in alle gesellschaftliche Bereiche sowie der Förderung der Beschäftigung von behinderten Menschen zum Zwecke der sozialen Integration die notwendigen Rahmenbedingungen für eine gleichberechtigte Teilhabe zu schaffen. Dabei sollten aber Menschen mit Behinderungen aktiv miteinbezogen werden, das heißt, nichts sollte über behinderte Menschen gesagt, geschrieben oder getan werden, ohne deren Einbeziehung.

Für die Realisierung dieses Programms und für den Erfolg des EJMB sollten Akteure auf unterschiedlichen Ebenen in großen Verbünden partnerschaftlich zusammenzuarbeiten. In einer gemeinschaftlichen Anstrengung aller, von Behörden auf EU- bis zu denen auf örtlicher Ebene, von Interessensverbänden für Menschen mit Behinderung, Arbeitgebern, Gewerkschaften, Medien bis hin zu Schulen bzw. Verantwortlichen aus dem Bereich des Bildungssystems, sollten die Intentionen des EJMB und die oben genannten Visionen verbreitet und verwirklicht werden.

2.3. Inhaltliche Ausrichtung des EJMB in Deutschland: Magdeburger Erklärung

In Deutschland, auf dessen nationale Umsetzung des EJMB nun näher eingegangen wird, wurde der Slogan „Nichts über uns ohne uns!“, der auf der Deklaration von Madrid fußt, bei der offiziellen Eröffnungsveranstaltung am 21. und 22.2.2003 in Magdeburg von den Teilnehmern aufgegriffen. Diese forderten in der aus der Veranstaltung hervorgehenden, sogenannten Magdeburger Erklärung gemeinsam eine auf dem Slogan aufbauende, zukünftige Behindertenpolitik, welche den Leitlinien ‚Teilhabe verwirklichen‘, ‚Gleichstellung durchsetzen‘ und ‚Selbstbestimmung ermöglichen‘ folgt (s. http://www.netzwerk-artikel-3.de/netzinfo02-03/002.php, Stand: 23.2.2006.). Diese Leitideen sollten mittels des Ausbaus der Teilhabemöglichkeiten behinderter Menschen durch verschiedene politische und rechtliche Maßnahmen erreicht werden, zum Beispiel der Weiterentwicklung des SGB IX, der Verankerung der Gleichstellungsbestimmungen auf kommunaler und Landesebene, der Einführung eines (zivilrechtlichen) Antidiskriminierungsgesetzes oder dem Ausbaus der Möglichkeiten hinsichtlich persönlicher Assistenz. Auch sollten die Rechte von Menschen mit Behinderungen im Sexualstrafrecht und hinsichtlich Barrierefreiheit, das Recht von Eltern auf freie Schulwahl für ihre behinderten Kinder und der Schutz für das Leben behinderter Menschen bzw. ungeborenen Lebens hinsichtlich der neuen Gentechnologien ausgebaut werden. Zudem wurde die Bundesregierung aufgefordert, Regelungen für Komplexleistungen zu erlassen, eine UN-Konvention für die Rechte behinderter Menschen einzurichten und behinderte Menschen aktiv an der Behindertenpolitik zu beteiligen.

3. Transfer von Zielsetzungen in nationale Politik und Rechtssetzung am Beispiel des Antidiskriminierungs- bzw. Allgemeinen Gleichbehandlungsgesetzes

Nach dieser Eröffnungsveranstaltung in Marburg folgte eine Vielzahl von Aktionen und Treffen in ganz Deutschland. Insgesamt wurden im Rahmen des EJMB in Deutschland, so die Pressemitteilung von Franz Thönnes am 18.02.2004, „mehr als 1.000 Projekte, 640 Anträge auf finanzielle Unterstützung [und] rund 180 Projekte (...) mit insgesamt 3,35 Millionen Euro gefördert“ (s. http://www.bmas.bund.de, Stand: 4.3.06.).

Nach dem Ende des EJMB stellt sich die Frage nach dem Erfolg und der Wirksamkeit des Aktionsjahres für Menschen mit Behinderung und deren Anliegen. Übergeordnetes Ziel des EJMB war, wie bereits erwähnt, die Sensibilisierung der Öffentlichkeit bezüglich der Rechte und Situation behinderter Menschen.

Doch lässt sich wirklich messen, ob und in wie weit das EJMB zur Sensibilisierung der Öffentlichkeit beigetragen hat? Welche Kriterien sind geeignet, um bezüglich des EJMB von Erfolg oder Misserfolg zu sprechen?

Lässt sich der Erfolg an Zahl und Umfang der beantragten und bewilligten Fördergelder berechnen? Oder ist er an der Zahl von Veranstaltungen zum EJMB auf regionaler, nationaler und europäischer Ebene erkennbar? Oder könnte die Anzahl und Art von erlassenen Gesetzen während oder kurz nach dem EJMB, die Menschen mit Behinderung und ihre Situation in irgendeiner Art und Weise thematisieren bzw. fokussieren Beleg sein für die Wirkung des EJMB auf gesellschaftlicher und politischer Ebene?

Nach Meinung der Autorin ist es sehr schwierig die Wirkung des EJMB nachzuvollziehen, da man, bei großangelegten gesellschaftlichen Projekten wie dem EJMB keine kausalen Ursache-Wirkungszusammenhänge erkennen oder ableiten kann. So müssen weder viele Veranstaltungen noch hohe Fördergelder im Rahmen des EJMB bedeuten, dass viele Menschen hinsichtlich der Belange behinderter Menschen sensibilisiert wurden. Auch politische oder gesetzliche Entwicklungen zugunsten behinderter Menschen während bzw. direkt nach dem EJMB müssen nicht im (direkten) Zusammenhang mit Forderungen oder politischen Aktionen im Rahmen des EJMB stehen, denn im Nachhinein ist es meist nicht (mehr) absehbar, welche Motivationen genau zur Erlassung eines Gesetzes führten. So können legislative Entwicklungen zum Vorteil von Menschen mit Behinderungen das Produkt weiter zurückgreifender politischer Tendenzen sein und können dabei auch relativ unabhängig vom EJMB entstanden sein. Die tatsächliche Wirkung des EJMB könnte gegebenenfalls durch eine großangelegte Befragung der europäischen Bevölkerung abgebildet werden, doch eine derartige Untersuchung ist praktisch schon aufgrund des immensen finanziellen Aufwandes kaum realisierbar.

Von daher sollen an dieser Stelle auch keine unmittelbaren Aussagen über die direkte Wirkung und den Transfer politischer Forderungen im Rahmen des EJMB auf die nationale Gesetzgebung erfolgen.

Stattdessen soll nun eine der Forderungen aufgegriffen werden, die von und mit Menschen mit Behinderungen (unter anderem) während des EJMB formuliert wurde, nämlich die Forderung nach einem Antidiskriminierungsgesetz zum Schutz behinderter Menschen vor Diskriminierungen, und dessen Entwicklung bis zu dessen Verabschiedung im August 2006 darstellen. Der ursprünglich mit diesen rechtlichen Regelungen verbundenen Begriff ‚Antidiskriminierungsgesetz' wurde bei der Verabschiedung des Gesetzes durch die Bezeichnung ‚Allgemeines Gleichbehandlungsgesetz' (AGG) ersetzt, welcher auch im folgenden Text verwendet wird.

Die Wahl, das AGG näher darzustellen, basiert maßgeblich auf zwei Gründen:

Zum einen ist das AGG ein Beispiel für die Umsetzung europäischer Vorgaben in eine nationale – hier die deutsche – Gesetzgebung, auch wenn diese Vorgaben in Form von Richtlinien im Fall des AGG schon einige Jahre vor dem Beschluss über ein EJMB bestanden und deswegen politisch nicht im unmittelbaren Bezug zum EJMB stehen.

Zum anderen wurde im Rahmen des EJMB das AGG bzw. die Forderung nach dessen Verabschiedung sowie Umsetzung nicht nur in der Madrider und Magdeburger Erklärung thematisiert, sondern auch zur Motivation für die Entstehung einer eigenständige Kampagne von Menschen mit Behinderungen und Unterstützern, die sich für eine schnellere und umfassendere Umsetzung des AGG einsetzten. Aus diesen Gründen erachtet die Autorin aus Sicht von Menschen mit Behinderung und deren Unterstützern die Forderung nach dem AGG als ein zentrales Moment des EJMB.

Die erwähnte Kampagne mit dem Titel „Nicht ohne uns! Behinderte ins Antidiskriminierungsgesetz!" (s. http://www.netzwerk-artikel-3.de/zag/, Stand 4.3.06.) entstand aus einer Tagung im Rahmen des EJMB (s. http://www.netzwerk-artikel-3.de/tagung/index.php, Stand: 4.3.06.) und wurde vom Netzwerk-Artikl-3 und der Aktion Mensch koordiniert. Ziel der Kampagne war es, Druck auf die Regierung auszuüben, so dass zum einen das AGG schneller erlassen wird und dass zum anderen im zivilrechtlichen Teil des AGG auch Menschen mit Behinderung berücksichtigt werden. (s. Bremer Erklärung; http://www.netzwerk-artikel-3.de/tagung/bremerkl.php, Stand: 2.3.06.)

3.1. Rechtliche Vorgaben der EU

Unter dem Namen Antidiskriminierungs- bzw. Allgemeines Gleichbehandlungsgesetz wurden in Deutschland inzwischen vier verschiedene EU-Richtlinien zusammengefasst, zu deren gesetzlicher Umsetzung Deutschland laut EG-Vertrag verpflichtet war. (vgl. Handbuch der Rechtsförmlichkeit Teil B, Ziffer 5.5.; s. online: http://www.bmj.de/rechtsfoermlichkeit/inhalt/tb5.htm, Stand: 22.3.06.)

EU-Richtlinien müssen bis zu einer gesetzten Frist, in der Regel knapp drei Jahre nach Verabschiedung der Richtlinie, in die nationale Gesetzgebung umgesetzt werden, sonst droht dem einzelnen Mitgliedstaat eine Klage vor dem europäischen Verfassungsgericht und in Folge eines Urteils eine Geldstrafe.

Bei den vier Richtlinien handelt es sich zum einen um Bestimmungen zum Schutz vor Diskriminierung im Bereich Beruf und Beschäftigung und zum anderen um den Schutz im zivilrechtlichen Bereich, vor allem vor Diskriminierungen durch Dienstleister, Lieferanten und Vermieter.

Zusammenfassend regeln die EU-Richtlinien 2000/43/EG, 2000/78/EG und 2002/73/EG den Schutz vor Diskriminierung im Bereich Beschäftigung und Beruf aufgrund von ethnischer Herkunft, Religion oder Weltanschauung, Behinderung, Alter, sexueller Identität und Geschlecht, das heißt hinsichtlich aller im Artikel 13 EG-Vertrag (s. http://dejure.-org/gesetze/EG/13.html, Stand: 12.3.06.) aufgeführten Merkmale.

Im zivilrechtlichen Bereich, das heißt konkret im Bezug auf den Zugang zu öffentlich angebotenen Gütern und Dienstleistungen, ist nur der Schutz vor Diskriminierung hinsichtlich ethnischer Herkunft (2000/43/EG) bzw. bezüglich Massengeschäften geregelt sowie vor allem bei privatrechtlichen Versicherungen auch im Bezug auf das Geschlecht (2004/113/EG).

Folglich ist in den Richtlinien zwar ein umfassender Antidiskriminierungsschutz im Bereich Beruf und Beschäftigung festgehalten, im zivilrechtlichen Bereich greift das Diskriminierungsverbot allerdings nur bei den Merkmalen Geschlecht und ethnische Herkunft.

3.2. Verzögerung der nationalen Umsetzung

Wie bereits erwähnt, müssen die EU-Richtlinien innerhalb einer bestimmten Frist umgesetzt werden, die bei allen vier Antidiskriminierungsrichtlinien bei etwa drei Jahren liegen oder lagen, da sonst eine Klage vor dem europäischen Gerichtshof und infolge dessen eine empfindliche Geldstrafe droht.

Obwohl bei drei der vier Vorschriften die Fristen teilweise schon um bis zu drei Jahre verstrichen waren und seit 2003 ein Gesetzentwurf bestand, wurde in Deutschland das AGG erst im August 2006 verabschiedet.

Doch warum zögerte sich die Verabschiedung so lange hinaus?

Ein Hauptgrund, warum das AGG erst weit nach Fristablauf verabschiedet wurde, ist, dass sich Politiker der unterschiedlichen, vor allem der beiden regierenden Parteien (SPD und CDU/CSU) nicht einigen konnten, ob das AGG eine 1:1-Umsetzung der Vorschriften der EU-Richtlinien werden sollte oder ob der zivilrechtlichen Teil um weitere bzw. alle weiteren im Artikel 13 des EG-Vertrags von Amsterdam genannten Merkmale (Religion oder Weltanschauung, Behinderung, Alter und sexuelle Identität) erweitert werden sollte, so wie es der Gesetzentwurf von SPD und Bündnis90/ Die Grünen vorsah. Genannter Entwurf stand 2003 erstmals im Parlament auf der Tagesordnung, (s. http://rsw.beck.de/rsw/shop/default.asp?sessionid=C97D07F0892C452CB8CAC88A12250834&docid=, Stand: 21.3.06.) scheiterte aber 2005 im Bundesrat. Im darauffolgenden Vermittlungsausschuss kam es allerdings aufgrund der vorgezogenen Neuwahlen im Herbst 2005 zu keiner Einigung mehr und der Gesetzentwurf wurde somit hinfällig. In der aktuellen Legislaturperiode wurde der annullierte Gesetzentwurf erneut von Bündnis 90/ Die Grünen als Antrag eingebracht und schließlich nach langen Verhandlungen in dieser Version am 18. August 2006 als Allgemeines Gleichbehandlungsgesetz (AGG) verabschiedet.

Ein weiterer Grund für die noch schleppende Verabschiedung des Gesetzentwurfs war die Angst von Politikern und Wirtschaft vor möglichen Folgen des AGG, vor allem im Bezug auf den zivilrechtlichen Teil. Es wurde und wird befürchtet, dass es zu Massenklagen und/ oder zu nicht gerechtfertigten Eingriffen in das Privatrecht einzelner Bürger kommt. Diese Annahmen sind allerdings kaum begründet, wie die Umsetzung der Antidiskriminierungsrichtlinien in anderen Ländern bereits gezeigt hat. Selbst in Ländern in denen über die vorgegebenen Richtlinien hinaus weitere, teilweise sogar alle im Artikel 13 genannten Merkmale unter den Diskriminierungsschutz gestellt wurden, kam es zu keiner der befürchteten Reaktionen. Auch ein Infopapier zum Entwurf für ein Antidiskriminierungsgesetz vom Bundesministerium der Justiz (s. http://www.bmj.bund.de/media/archive/881.pdf, Stand: 1.3.2006) lässt diese Vermutungen als wenig gesichert erscheinen.

Es soll nun noch kurz auf die inhaltliche Gestaltung des verabschiedeten AGGs eingegangen werden.

3.3. Ziel des AGGs in Deutschland

Ziel des AGG ist es,

Benachteiligungen aus Gründen des Rasse oder wegen der ethnischen Herkunft, des Geschlechts, der Religion oder Weltanschauung, einer Behinderung, des Alters oder des sexuellen Identität zu verhindern oder zu beseitigen. (Art.1 §1 AGG; BGBl I 2006, 1897. online: http://www.bgblportal.de/BGBL/bgbl1f/bgbl106s1897.pdf, Stand: 18.8.06)

Eine Benachteiligung kann laut dem §3 des Gesetzes entweder unmittelbar oder mittelbar oder in Form einer Belästigung bzw. sexuellen Belästigung gegeben sein. Die genauen Begriffsbestimmungen sind im §3 (Ebd.) nachzulesen.

Nachdem nun das Allgemeine Gleichbehandlungsgesetz verabschiedet wurde, stellt sich die Frage, welche Bedeutung das Gesetz für Menschen mit Behinderungen hat und welche Verbesserungen sich erwarten lassen (können).

3.4. Bedeutung des AGG/ ZAG für Menschen mit Behinderungen

Vor allem der zivilrechtliche Teil des AGG, hier auch mit ZAG abgekürzt, ist für Menschen mit Behinderung von Bedeutung. Der ehemaligen Bundesbehindertenbeauftragten

Haack nennt das ZAG „als dritte und letzte Säule“ (http://www.beb-ev.de/content/artikel-_206_9.html, Stand: 12.3.06) neben dem neunten Sozialgesetzbuch (SGB IX), welches seit dem 1.7.2001 Benachteiligungen von Menschen mit Behinderungen bezüglich ihrer Selbstbestimmung und gleichberechtigten Teilhabe an der Gesellschaft entgegenzuwirken versucht, und dem Bundesgleichstellungsgesetz (BGG), das am 1.5.2002 in Kraft getreten ist, und die Gleichberechtigung von behinderten Menschen in vielen Bereichen des öffentlichen und privaten Lebens sowie Barrierefreiheit sichert, zum zivilrechtlichen Schutz von Menschen mit Behinderungen umgesetzt werden. (Das SGB IX und das BGG waren ebenfalls Gegenstand der politischen Forderungen von Menschen mit Behinderungen im Rahmen des EJMB. Auf sie kann allerdings an dieser Stelle nicht näher eingegangen werden.).

Behinderte Menschen haben durch das AGG auf Grundlage der Beweiserleichterung gemäß § 611a Abs. 1 Satz 3 BGB (s. http://dejure.org/gesetze/BGB/611a.html, Stand: 22.3.06) im Falle einer zivilrechtlichen Diskriminierung das Recht innerhalb einer sechs monatigen Frist Schadensersatzansprüche geltend zu machen. Das bedeutet konkret, dass Menschen mit Behinderung nach der Verweigerung einer privatrechtlichen Versicherung, die (nachweislich) auf Diskriminierung beruht, den Anspruch auf den Abschluss dieser Versicherung haben bzw. bei der Verweigerung von Massengeschäften, wie dem Vertrag mit einer Gaststätte oder einem Hotel, den Anspruch auf Schadensersatz nach den allgemeinen Grundsätzen des Schadensrechtes haben. Diskriminierungsfälle, wie zum Beispiel die Abweisung von Menschen mit Behinderung in einer Gaststätte mit der Begründung, sie würden nicht ordentlich essen, werden derzeit auf der Homepage von Netzwerk3 gesammelt. (http://www.netzwerk-artikel-3.de/dokum/diskrim_faelle.pdf, Stand: 22.3.06)

Für die Unterstützung von Benachteiligten wurde im AGG zum einen das Verbandsbeteiligungsrecht festgehalten, das heißt, dass Verbände im Namen des Benachteiligten klagen können. Zum anderen wurde die Einrichtung einer unabhängigen Antidiskriminierungsstelle des Bundes im Bundesministerium für Familie, Senioren, Frauen und Jugend festgelegt, die zum Beispiel Benachteiligte durch Information, Beratung, Vermittlung oder Mediation unterstützen und – um Diskriminierungen wirksamer bekämpfen zu können – mit anderen Stellen, Behörden oder Nichtregierungsorganisationen zusammenarbeiten soll. Die genauen Aufgaben und Befugnisse der Antidiskriminierungsstelle des Bundes mit Sitz in Berlin (s. auch http://www.bmfsfj.bund.de/Politikbereiche/gleichstellung,did=81058.html , sowie http://www.-bmfsfj.de/Kategorien/Ministerium/antidiskriminierungsstelle.html, beides Stand: 16.9.06) sind im Abschnitt sechs des AGG, §§25-30 AGG (BGBl I 2006, 1897), nachzulesen.

3.5. Einflussnahme von Interessensverbänden auf die Entwicklung des AGG

Die während des EJMB gegründete Kampagne „Nicht ohne uns! Behinderte ins Antidiskriminierungsgesetz!“ versuchte durch Aktionen wie die Dokumentation von Diskriminierungsfällen und die Suche nach Unterstützern für die Kampagne, durch Aktionen wie Vorsprachen bei und Befragungen von Politikern zum AGG Druck auf die Politik auszuüben, um erstens den Verhandlungs- und Verabschiedungsprozess zu beschleunigen und zweitens das Merkmal Behinderung ins gesamte AGG mitaufzunehmen.

Wie bereits erwähnt, ist nicht nachweisbar, ob und in wie fern Interessensverbände Einfluss auf die Gestaltung von Gesetzen haben/ hatten.

Nach Meinung der Autorin haben allerdings Kampagnen und Aktionen von Interessenverbänden, wie die eben genannte Kampagne mehr Einfluss auf der politischen und vielleicht auch auf der gesellschaftlichen Ebene als zeitlich begrenzte und inhaltlich breitgefächerte Maßnahmen wie das EJMB.

Kampagnen haben den Vorteil, dass sie, solange sie über entsprechende finanzielle, materielle und personelle Mittel verfügen, zeitlich unbegrenzt und damit nachhaltig wirken können. Das heißt, dass die Kampagnenmitglieder so lange agieren und protestieren können, bis beispielsweise das AGG in ihrem Sinne verabschiedet wird bzw. wurde. Zudem können sie sich auf einen politischen Aspekt konzentrieren und diesen somit gezielt und mit vereinten Kräften verfolgen. Durch eine derartige, auf Langfristigkeit angelegte Konzentration politischer Aktivität kann – so die Meinung der Autorin – mehr Konkretes bewegt werden als bei relativ kurzfristigen und weitgestreuten Aktionen wie dem EJMB. Allerdings haben Aktionen von Interessensverbänden meist auch nur dann Erfolg, wenn sie von einer möglichst breiten Bevölkerungsschicht mitgetragen und unterstützt werden, da Politiker über die Interessensbekundungen von vielen Unterstützern weit weniger hinwegsehen können, als dies bei Einzelinteressen der Fall ist.

Und um eine Lobby für die Interessen und Bedürfnisse behinderter Menschen zu schaffen braucht es wiederum Aufklärungsarbeit und die Information der Bevölkerung, wie sie beispielsweise durch relativ breitgestreute Aktionen wie das EJMB erreicht werden können. Auch nationale Politik in den Mitgliedstaaten kann durch derartige europaweite Maßnahmen wie dem EJMB beeinflusste werden, nämlich dann, wenn sich beispielsweise die Bundespolitik dem Vergleich mit der Politik in anderen Ländern stellen muss.

So zeigt sich, dass sowohl zeitlich begrenzte, übergreifende Maßnahmen wie das EJMB als auch langfristige, konzentrierte Aktionen wie „Nicht ohne uns! Behinderte ins Antidiskriminierungsgesetz!“ notwendig sind, um auf politischer und gesellschaftlicher Ebene Veränderungen zugunsten von Menschen mit Behinderungen zu bewirken.

4. Abschließende Zusammenfassung

Zusammenfassend lässt sich festhalten, dass das ZAG bzw. das AGG eine wichtige Ergänzung im Kampf für die Chancengleichheit und gegen Diskriminierung von Menschen mit Behinderungen darstellt. Damit das Ziel der Chancengleichheit für Menschen mit Behinderungen bzw. für alle Menschen umgesetzt werden kann, bedarf es wie dargestellt nicht nur gesetzlicher Regelungen, sondern auch gesellschaftlicher Aufklärung und politischer Mitwirkung seitens Betroffener.

Diesen Anforderungen versucht die europäische Behindertenpolitik, wie eingangs erwähnt, durch verschiedene Beschlüsse und Entscheidungen gerecht zu werden. Welche Wirkungen und Effekte sich aus den einzelnen Aktionen wie dem EJMB oder aus den neuen Antidiskriminierungsgesetzen in den europäischen Mitgliedstaaten aufgrund der vorgegebenen EU-Richtlinien ergeben, wird sich allerdings, wenn aufgrund der schwierigen Messbarkeit überhaupt, nur über einen längeren Zeitraum hin beurteilen lassen. Das soll nicht bedeuten, dass die europäische Behindertenpolitik wirkungslos oder überflüssig ist. Vielmehr sorgt sie dafür, dass sich die Situation behinderter Menschen in allen Mitgliedstaaten und nicht nur punktuell in bestimmten Ländern verändert. Allerdings ist ihr Einfluss auf die Situation und das alltägliche Leben behinderter Menschen in Europa kaum konkret nachvollziehbar.

Das kommende Jahr 2007 ist das Europäischen Jahr der Chancengleichheit, in dem Deutschland den Ratsvorsitz der Europäischen Union innehaben wird (s. http://europa.eu.int/comm/employment_social/ news/2005/jun/antidiscrimination_de.html, vom 09.03.06). Nach den langen Verhandlungen und der nur schleppenden Verabschiedung des Allgemeinen Gleichbehandlungsgesetzes kann man gespannt sein, ob und welche Vorschläge der deutsche Vorsitz im Bezug auf die europäische Behindertenpolitik machen wird und welche Verbesserungen sich dadurch hinsichtlich der Chancengleichheit behinderter Menschen in Europa ergeben werden.

5. Literaturverzeichnis

Literatur:

Entwurf eines Gesetzes zur Umsetzung europäischer Antidiskriminierungsrichtlinien vom 19.12.2005 (Drucksache 16/297)

Beschluss des Rates vom 3.12.2001 über das Europäische Jahr für Menschen mit Behinderungen (Amtsbl. 2001/ 903/ EG, L 335/15)

Richtlinie 2000/43/EG des Rates vom 29.6.2000 zur Anwendung des Gleichbehandlungsgrundsatzes ohne Unterschied der Rasse oder der ethnischen Herkunft (Amtsbl. EG L 180/22)

Richtlinie 2000/78/EG des Rates vom 27.11.2000 zur Festlegung eines allgemeinen Rahmens für die Verwirklichung der Gleichbehandlung in Beschäftigung und Beruf (Amtsbl. EG L 303/16)

Richtlinie 2002/73/EG des Rates vom 23.9.2002 zur Änderung der Richtlinie 76/207/EWG des Rates zur Verwirklichung des Grundsatzes der Gleichbehandlung von Männern und Frauen hinsichtlich des Zugangs zur Beschäftigung, zur Berufsbildung und zum beruflichen Aufstieg sowie im Bezug auf die Arbeitsbedingungen (Amtsbl. EG L 269/15)

Richtlinie 2004/113/EG des Rates vom 13.12.2004 zur Verwirklichung des Grundsatzes der Gleichbehandlung von Männern und Frauen beim Zugang zu und bei der Versorgung mit Gütern und Dienstleistungen (Amtsbl. EG L 373/37)

Internetquellen:

http://dejure.org/gestze/BGB/611a.html, Stand: 22.3.06

http://dejure.org/gesetze/EG/13.html, Stand: 12.3.06

http://europa.eu.int/comm/employment_social/news/2005/jun/antidiscrimination-_de.html, vom 9.3.06

http://europa.eu.int/comm/employment_social/soc-prot/disable/com271/comfinal_de.pdf, Stand: 22.2.06

http://rsw.beck.de/rsw/shop/default.asp?sessionid=C97D07F0892C452CB8CAC88A-12250834&docid=, Stand: 21.3.06

http://www.bdi.de/bdi/content/055/010/04090201.jsp;jsessionid=7698C79D34B79BAD-F873C8CA9F998FC3, Stand: 22.3.06

http://www.beb-ev.de/content/artikel_206_9.html, Stand: 12.3.06
http://www.berlin.de/sengsv/soziales/ejmb1.html, Stand: 9.3.06
http://www.bmas.bund.de, Stand: 4.3.06
http://www.bmj.bund.de/media/archive/881.pdf, Stand: 1.3.06
http://www.bmj.de/rechtsfoermlichkeit/inhalt/tb5.htm, Stand: 22.3.06
http://www.dvbs-online.de/horus/1997-4-2704.htm, Stand: 22.3.06
http://www.forsea.de/archiv/archiv_2002_09_gedanken_zu_ejmb.shtml, Stand: 9.3.06
http://www.forsea.de/projekte/Gesetzesreformen/ejmb_bilanz.shtml, Stand: 10.3.06
http://www.kobinet-nachrichten.org/cipp/kobinet/custom/pub/content,lang,1/oid,11141/ticket,g_a_s_t, Stand: 21.3.06
http://www.madriddeclaration.org/dec/Die%20Deklaration%20von%20Madrid, Stand: 10.03.06
http://www.netzwerk-artikel-3.de/dokum/diskrim_faelle.pdf, Stand: 22.3.06
http://www.netzwerk-artikel-3.de/netzinfo02-03/002.php, Stand: 23.2.06
http://www.netzwerk-artikel-3.de/tagung/bremerkl.php, Stand: 2.3.06
http://www.netzwerk-artikel-3.de/tagung/index.php, Stand: 4.3.06
http://www.netzwerk-artikel-3.de/zag/, Stand 4.3.06
http://www.verbrauchernews.de/artikel/0000009630.html, Stand: 22.3.06

Elisabeth Lawonn

Das Europäische Jahr der Menschen mit Behinderung 2003 in Europa, in Deutschland und in Sachsen

1. Einführung

Das Europäische Jahr der Menschen mit Behinderungen (EJMB) 2003 liegt dem Bericht zugrunde. Dabei ist die Frage nach dem Anspruch der Inhalte des EJMB und der Realität bzw. den Auswirkungen nach dem Ende des EJMBs zu beantworten. Eine vorhergehende Erläuterung der Entstehungsgeschichte des EJMBs und sein Verlauf im Jahr 2003 bilden die notwendigen Vorkenntnisse für den Schwerpunkt dieser Arbeit. Dieser wird des weiteren die Fragestellung nach dem Anspruch und der Realität anhand des Bundeslandes Sachsen zu erklären versuchen.

2. Entstehungsgeschichte des EJMBs und seine Inhalte

Der Rat der Europäischen Union hat am 03. Dezember 2001 gemäß Artikel 13 EG-Vertrag (Kampf gegen Diskriminierung) das Jahr 2003 zum „Europäischen Jahr der Menschen mit Behinderungen“ (EJMB)-“European Year of People with disabilities“(EYPD) erklärt. In Madrid auf dem „Europäischen Behindertenkongress“ vom 20. bis 23. März 2002 wurde eine Erklärung verfasst, welche konzeptionell die Maßnahmen im EJMB geben soll. Inhalte dabei sind nicht mehr das abwertende Mitleid, sondern völlige Gleichstellung, nicht mehr die wohlmeinende Bevormundung, sondern das Recht auf Selbstbestimmung und nicht mehr die ausgrenzende Fürsorge, sondern uneingeschränkte Teilhabe am gesellschaftlichen Leben. Somit sind Gleichstellung, Selbstbestimmung und Teilhabe Schlüsselbegriffe des Europäischen Jahres. (vgl. Kommission der Europäischen Gemeinschaften: Mitteilung der Kommission an das Europäische Parlament, den Rat, den Europäischen Wirtschafts- und Sozialausschuss und den Ausschuss der Regionen über Durchführung, Ergebnisse und Gesamtbeurteilung des EJMBs 2003)

Es geht um die Sensibilisierung der Öffentlichkeit für die Rechte von Menschen mit Behinderungen und Schutz vor Diskriminierung, um die Förderung des Erfahrungsaustausches über beispielhafte Verfahren und wirksame Strategien, die auf lokaler, nationaler und europäischer Ebene entwickelt wurden, um die Stärkung der Zusammenarbeit aller Beteiligten, wie den Regierungen auf allen Ebenen, dem Privatsektor, den Interessengemeinschaften, der Sozialpartner und Wissenschaftler, der gemeinnützigen Organisationen, der Menschen mit Behinderungen und ihrer Familienangehörigen, um die Sensibilisierung für die Heterogenität der Bevölkerungsgruppe der Menschen mit Behinderungen und den vielfältigen Formen der Diskriminierung dieser Menschen, sowie mit besonderem Augenmerk um die Sensibilisierung für das Recht der Kinder und Jugendlichen mit Behinderungen auf Gleichbehandlung im Bildungsbereich.(vgl. s.o.)

Der Slogan: „Nichts über uns ohne uns.“ wurde zum Slogan für das Europäische Jahr der Menschen mit Behinderungen. Ottmar Miles-Paul brachte diesen 1981 über den Gängen des Konferenzzentrums in Winnipeg an, in dem der „Internationale Kongress der Rehabilitation“ stattfand, aber den Belangen der Menschen mit Beeinträchtigungen bzw. ihrer tatsächlichen Mitarbeit seitens der Professionellen lediglich nur eine Randstellung eingeräumt wurde (vgl. Landesarbeitsgemeinschaft Hilfe für Behinderte Sachsen e.V. (Mai 2003): Landesverband Selbsthilfe Körperbehinderter fordert Landesgleichstellungsgesetz in Sachsen).

Aus diesem Protest bildete sich eine weltweite Bewegung der Selbstvertretung und Gleichberechtigung behinderter Menschen heraus, die u.a. entscheidend von „Disabled People Internatonal“ (DPI), 1980 in Winnipeg von den Betroffenen auch als Folge dieser Ignoranz gegründet, getragen wird.(vgl. s.o.) Vor diesem Hintergrund und der Kritik an dem „UNO-Jahr der Behinderten“ 1981, es wäre über die Köpfe der Betroffenen hinweg organisiert und durchführt worden sein, stellte somit *„die Einbindung behinderter Menschen und ihrer Vertreter in alle zentralen Aspekte der Planung und Durchführung der EYPD-Kampagne“* (Kommission der Europäischen Gemeinschaften: Mitteilung der Kommission an das Europäische Parlament, den Rat, den Europäischen Wirtschafts- und Sozialausschuss und den Ausschuss der Regionen über Durchführung, Ergebnisse und Gesamtbeurteilung des EJMBs 2003) einen integrierenden Bestandteil des Kommissionsansatzes der „Kommission der Europäischen Gemeinschaften“ für das Europäische Jahr und Grundprinzip im Bereich Behinderung dar.

In der Vorbereitungsphase des EJMBs beriet sich die Kommission mit dem Europäischen Behindertenforum und anderen Organisationen eingehend. Das „Europäische Behindertenforum“ (EDF)-“European Disabilitiy Forum“ repräsentiert mehr als 37 Millionen Menschen mit Behinderungen in Europa und setzt sich für die vollständige Teilhabe dieser Menschen in der Europäischen Union ein.

Die Verwaltung der im Rahmen des Europäischen Jahres vorgesehenen Maßnahmen erfolgte durch die Kommission, wobei ein beratender Ausschuss mit Vertretern der Mitgliedsstaaten wie auch im Besonderen das Europäische Behindertenforum sie dabei unterstützte. Um dem EJMB eine eindeutige, so auch europäische Identität zu geben, wurde eine spezielle Förder- und Informationskampagne gestartet. Durch einen einjährigen Marsch von Menschen mit Behinderungen durch Europa (von Griechenland aus durch alle Mitgliedsstaaten bis Italien) und dem EJMB-Bus, der im Laufe des Jahres 2003 von Land zu Land fuhr, sollte der verbindende europäische Charakter deutlich gemacht werden und von dem Grundgedanken aus, dass Behindertenrechte im Kontext der Menschenrechte gesehen werden müssen, *„dass Thema Behinderung trotz bestimmter Unterschiede zwischen Teilnehmerländern die gesamte EU betrifft.“* (Kommission der Europäischen Gemeinschaften: Mitteilung der Kommission an das Europäische Parlament, den Rat, den Europäischen Wirtschafts- und Sozialausschuss und den Ausschuss der Regionen über Durchführung, Ergebnisse und Gesamtbeurteilung des EJMBs 2003)

Zu der Förder- und Informationskampagne gehörte ebenso eine Konferenz zum Thema: „e-accessibility“ und die Einrichtung einer EU-weiten Website (www.eypd2003.org), welche als Anlaufstelle für Einzelpersonen und Organisationen bzgl. aller EJMB-relevanten Fragen dienen sollte. Einen weiteren europäischen Schwerpunkt bildete das „Programm zur Beteiligung von Unternehmen“, welches Großunternehmen für die EJMB-Kampagne gewinnen, sie dafür sensibilisieren und bei spezifischen Aktionen unterstützen sollte (vgl. s.o.).

Zur Intensivierung des europäischen Gedankens des EJMBs und der Verdeutlichung des europäischen Engagements wurden bei vielen europäischen Veranstaltungen und Konferenzen die Inhalte des EJMBs zentrales Thema. Die „Europäische Mobilitätswoche“ im

Jahr 2003 stellte die Zugangsprobleme von Menschen mit Behinderungen in ihren Mittelpunkt, wie auch als weiteres Beispiel, der „Europäische Wirtschafts- und Sozialausschuss" eine Veranstaltung über die „Integration von Menschen mit Behinderungen in die europäische Gesellschaft und die Arbeitswelt" durchführte (vgl. s.o.).

Die Finanzierung des EJMBs betrug für die vorbereitenden Maßnahmen im Jahr 2002 und für die Durchführung im Jahr 2003 zwölf Millionen Euro. Gemeinschaftsweite Maßnahmen wurden bis zu 80% bezuschusst und Maßnahmen auf nationaler Ebene bis zu 50%.

Diese Zuschüsse wurden an die nationalen Koordinierungsstellen weitergeleitet, welche für die Unterstützung unterschiedlicher Maßnahmen auf nationaler, regionaler und lokaler Ebene eingerichtet wurden. (vgl. Die Europäische Union: Sozialpolitische Maßnahmen zugunsten bestimmter Zielgruppen: Behinderung und Alter (2003): Europäisches Jahr der Menschen mit Behinderungen 2003) Die Auswirkungen können aufgrund ihrer verschiedenen Bereiche, sowie der notwendigen europäischen, länderspezifischen und lokalen Betrachtung zusammenfassend nur allgemein formuliert werden. Beispielhaft ist das Entstehen neuer Partnerschaften zwischen öffentlichen, privaten und nichtstaatlichen Organisationen, Aktionen zur Verbesserung der Zugänglichkeit des baulichen Umfelds und des Transportsystems, Maßnahmen zur Verbesserung der Zugangs zur Informationsgesellschaft und zur Bekämpfung der entsprechenden Ausgrenzung, regelmäßige Berichterstattung über Behindertenfragen auf verschiedenen Ebenen, die Entwicklung von Maßnahmen zur besseren Unterstützung von Familien behinderter Menschen, sowie neue Rechtsvorschriften zum Schutz der Rechte von Menschen mit Behinderungen und zur Förderung der Nichtdiskriminierung (vgl. Kommission der Europäischen Gemeinschaften: Mitteilung der Kommission an das Europäische Parlament, den Rat, den Europäischen Wirtschafts- und Sozialausschuss und den Ausschuss der Regionen über Durchführung, Ergebnisse und Gesamtbeurteilung des EJMBs 2003).

Auf nationaler Ebene sollten die eingeführten nationalen Koordinierungsstellen Strategien und Schwerpunkte des EJMBs festlegen, die Globalzuschüsse überwachen, die Beteiligung von Menschen mit Behinderungen an der Entscheidungsfindung sicherstellen und die Aufforderung von Vorschlägen verwalten. Meistens waren die Koordinierungsstellen an ein nationales Ministerium angeschlossen oder in einem Ministerium angesiedelt (vgl. s.o.). Diese Koordinierungsstellen wurden oft von regionalen und lokalen Gruppen unterstützt.

3. Das EJMB in Deutschland

„Teilhabe verwirklichen – Selbstbestimmung ermöglichen – Gleichstellung durchsetzen": Diese drei Hauptziele der Behindertenpolitik sollten weiter verfolgt werden.

Sechs zentrale Themen wurden dabei in den verschiedensten Veranstaltungen zum Gegenstand gemacht: die Durchsetzung des Rechts auf persönliche Assistenz, die Umsetzung der Barrierefreiheit, die vollständige Durchsetzung und rechtliche Absicherung der Gleichstellung, das gleiche Recht behinderter Menschen auf Arbeit, eine Gesundheitspolitik, die behinderte Menschen nicht ausschließt oder benachteiligt und die ethische Absicherung behinderten Lebens (vgl. Bundesministerium für Gesundheit (2003): Das Europäische Jahr der Menschen mit Behinderungen). Vor allem sollte durch das EJMB der politische Druck zur Umsetzung der Hauptziele erhöht werden.

Das Motto: „Nichts über uns ohne uns" wurde ebenso in Deutschland zum Thema gemacht. Als „Experten in eigener Sache" sollten sie maßgeblich an der Gestaltung des Jahres und an der thematischen Schwerpunktsetzung mitwirken.
Besondere Ereignisse waren die Sommeruniversität in Bremen zu „Disability Studies" und das Integrative Kulturfestival „Independence Days" in Mülheim an der Ruhr.

Von dem ehemaligen Beauftragten der Bundesregierung für die Belange behinderter Menschen, Karl Hermann Haack wurden drei verschiedene Preise verliehen: Der Kunstwettbewerb „Zeige Wunden" mit über 1200 Einsendungen, der Drehbuchpreis „Weitwinkel" mit 68 eingereichten Drehbüchern und das Literaturfest „Nehmt mich beim Wort" mit mehr als 1500 TeilnehmerInnen.(vgl. s.o.)

Mehr als 615 Anträge auf eine finanzielle Unterstützung gingen bei der Koordinierungsstelle für das EJMB in dem Bundesministerium für Gesundheit und Soziale Sicherung ein. 182 Projekte konnten aus den Mitteln des EJMBs organisiert und durchgeführt werden. Dafür standen rund 940.000 Euro von der Europäischen Union bereit. Weitere zwei Millionen Euro kamen aus den Haushaltsmitteln der Bundesregierung Deutschland und eine weitere Million Euro aus dem Ausgleichsfond für die Teilhabe behinderter Menschen.(vgl. Frehe, H. (2003): Interview: EJMB 2003 – „Nichts ohne uns über uns!". In: ZB 1 / 2003)

4. Eine allgemeine Bilanz des EJMBs aus deutscher Sicht

Das Europäische Jahr der Menschen mit Behinderungen 2003 brachte entsprechende Ergebnisse verschiedenster Art hervor. Auch unter den Beteiligten gibt es verschiedene Resonanzen zur Verwirklichung der drei Hauptziele des EJMBs: Gleichstellung, Teilhabe und Mitbestimmung! Horst Frehe sprach von wichtigen Impulsen, die von dem Jahr ausgingen und die Sensibilisierung der Bevölkerung zum Ziel hatten. Er bemerkte aber auch, dass ein großer politischer Durchbruch bisher noch ausbliebe.(vgl. s.o.) Für das Bundesministerium für Gesundheit und Soziale Sicherung war das EJMB ein Jahr, welches *„in der Tat intensiv genutzt wurde, um Diskussionen anzuregen, Anstöße zu geben und Veränderungen zu unterstützen."* (Bundesministerium für Gesundheit (2003): Nichts über uns ohne uns).

Dies soll, laut des parlamentarischen Staatssekretärs, Franz Thönnes, die Ziele: Gleichstellung, Selbstbestimmung und Teilhabe weiter verwirklichen. Das EJMB, so Franz Thönnes, habe in Deutschland einen sehr großen Erfolg gehabt, was eine Statistik der Europäischen Union (EU) zum Vergleich der Anzahl erschienener Artikel zu den Themen von Menschen mit Behinderungen in den Medien bewiesen habe, und zum Beispiel das Interesse an behindertenpolitischen Themen zugenommen habe.(vgl. Bundesministerium für Gesundheit (2003):Das Europäische Jahr der Menschen mit Behinderungen) Dennoch habe eine wirkliche Weiterentwicklung der behindertenpolitischen Belange so gut wie keine Möglichkeit gehabt.(vgl. s.o.)

Diese Meinung vertrat auch der Deutsche Behindertenrat (DBR), der besonders die oftmals enttäuschende Teilnahme von PolitikerInnen und MinisterialbeamtInnen an Veranstaltungen kritisierte und von einer nicht angemessen stattgefundenen Beteiligung der Menschen mit Behinderungen bei wesentlichen Gesetzesentwürfen sprach.(vgl. Deutscher Behindertenrat (2003): Pressekonferenz zum Welttag der Behinderten am 3. Dezember 2003 – und zum ausgehenden Europäischen Jahr der Menschen mit Behinderung) Ebenso forderte der Deutsche Behindertenrat noch im EJMB die Politik zur Vorlegung eines Gesetzesentwurfs für ein zivilrechtliches Antidiskriminierungsgesetz auf. Dieses wurde trotz der Zusage des Behindertenbeauftragten und des Gesundheitsministeriums nicht verabschiedet. (vgl. s.o.)

Auch forderte der DBR die Bundesländer, die noch kein Landesgleichstellungsgesetz verabschiedet haben, diese zu erarbeiten und zu beschließen. Seit dem 1. Mai 2002 ist das Bundesgleichstellungsgesetz in Kraft, doch haben dies nur einige Bundesländer in ein Landesgleichstellungsgesetz umformuliert. Der Behindertenbeauftragte, Karl Hermann Haack, wiederum bemerkte auf der Bilanzveranstaltung des Europäischen Jahres der Menschen mit Behinderungen vom 18. bis zum 19. 02. 2004, dass nicht wenige Impulse vom EJMB ausgegangen sind, konkrete Ergebnisse sich aber erst in Zukunft zeigen werden. (vgl. Bericht von der Bilanzveranstaltung des Europäischen Jahres der Menschen mit Behinderungen vom 18.-19. 02. 2004 in Berliner Hotel Maritim pro Arte (Februar 2004)) Er erklärte, dass das EJMB eine Kampagne sei, *„um behinderte Menschen in der Gesellschaft immer sichtbarer zu machen – als gleichberechtigte Bürgerinnen und Bürger.“* (Bundesministerium für Gesundheit (2003): Nichts über uns ohne uns). Dabei zeigte er drei Perspektiven einer Politik zum Motto des EJMBs „Nichts ohne uns über uns“ auf:

Es soll ein nationales trägerübergreifendes und interdisziplinäres Kompetenzzentrum mit Steuerungs- und Entscheidungsbefugnissen aufgebaut werden, *„in dem der Sachverstand behinderter Menschen gebündelt wird.“* (Netzwerk Artikel 3, Verein für Menschenrechte und Gleichstellung Behinderter e. V. (Juli 2004): Sächsisches Gleichstellungsgesetz nach langer Diskussion verabschiedet) Die Teilhabe jeder Person muss durch das Case Management/ Peer Counseling gewährleistet werden. „Case Management“ bezeichnet hierbei die Einzelfallhilfe, die *„die individuellen Aspekte der Krankheit und Behinderung, der Krankheits- und Behinderungsfolgen sowie der Kontextfaktoren einschließlich des Arbeitsplatzumfeldes im weiteren Prozess“*(s.o.) berücksichtigt und sichert. „Peer Counseling“ ist eine Beratungsmethode, die eine Beratung und Unterstützung durch Menschen mit Behinderungen, als Experten in eigener Sache beinhaltet.(vgl. Firlinger, 2003: 40) Die dritte Perspektive ist die Formulierung und Umsetzung eines Teilhabeplans. Die Europäische Kommission legte Ende Oktober 2004 einen Aktionsplan zur Förderung der Chancengleichheit von Menschen mit Behinderungen vor, der ausgehend von den Impulsen des EJMBs, in eine kontinuierliche Entwicklung für den Zeitraum 2004 bis 2010 überführen soll.

Ein nationaler Teilhabeplan stelle sich dieser Aufgabe, indem er mittel- und langfristige Handlungsfelder und Ziele für eine aktive Teilhabepolitik bestimme. Auf europäischer Ebene, so Haack, gebrauche man dafür jetzt auch den Begriff der „Inclusion“.(vgl. s.o.)

Konkret bedeute dies die Verpflichtung für alle Bundesministerien, ihre Gesetzes- und Verordnungsvorhaben dahingehend zu prüfen, welche Auswirkungen diese für Menschen mit Behinderungen haben. Außerdem soll er einen Rahmen geben, um z.B. Förderprogramme zur Sicherung und Weiterentwicklung der Teilhabe von Menschen mit Behinderungen in allen Lebensbereichen einzuordnen.(vgl. Netzwerk Artikel 3, Verein für Menschenrechte und Gleichstellung Behinderter e. V. (Februar/ März 2004): Konsequenz aus dem EJMB) Ein Schwerpunkt des Aktionsplans ist die Verbesserung des Zugangs zu Beschäftigung und Weiterbildung für schwerbehinderte Menschen, da Arbeit die Teilhabe am gesellschaftlichen Leben bedeute. Dieses Anliegen wird sowohl auf europäischer Ebene eben durch den Aktionsplan, wie auch durch den Deutschen Behindertenrat und durch u. a. den Deutschen Behindertenbeauftragten gesehen.

Noch vor dem EJMB im Jahr 2002 startete das Bundesministerium für Arbeit und Sozialordnung die Kampagne: „50.000 neue Jobs für Schwerbehinderte". Für einen Monat wurde dieses ehrgeizige Ziel beinahe erreicht. Jedoch folgte nach dem Ende der Kampagne ein rascher Abstieg der Arbeitslosigkeit von Menschen mit Behinderungen.(vgl. Deutscher Behindertenrat (2003): Pressekonferenz zum Welttag der Behinderten am 3. Dezember 2003 – und zum ausgehenden Europäischen Jahr der Menschen mit Behinderung) So forderte der Deutsche Behindertenrat auch nach dem EJMB die *„Bundesanstalt für Arbeit auf, sich ihrer Verantwortung für mehr Beschäftigung schwerbehinderter Menschen aktiv zu stellen."* (s.o)

Ebenso soll die Öffentlichkeitsarbeit der Bundesregierung in Bezug auf die Information und Motivation der Unternehmen und der Arbeitgeber fortgesetzt werden und besonders an einer verbesserten Ausbildung vor allem in betrieblichen Strukturen und Formen gearbeitet werden. (vgl. s.o.) Überraschend wie auch ohne Beteiligung der Behindertenverbände legte die Bundesregierung im August 2003 einen Gesetzesentwurf zum zwölften Sozialgesetzbuch (SGB XII) vor, welches das bisherige Bundessozialhilfegesetz (BSHG) ablösen sollte.

In dem SGB XII wird im Paragraphen 60 die Eingliederungshilfe von Menschen mit Behinderungen geregelt. Kritisch sah z.B. der DBR die Stellung der Eingliederungshilfe in der Sozialhilfe. Solle sie zur Verbesserung der Teilhabe am gesellschaftlichen Leben der Betroffenen verhelfen, wäre eine Verankerung des SGB XII, § 60 im neunten Sozialgesetzbuch (SGB IX) zur Rehabilitation und Teilhabe behinderter Menschen angebrachter. (vgl. s. o.)

Außerdem, so Haack, solle eine sehr viel stärkere Orientierung an den individuellen Bedürfnissen durch die fallbezogene Beratung (Case Management) und durch die Unterstützung der Kompetenz der Selbsthilfe (Peer Counseling) erfolgen.(vgl. s.o.)

Zusammenfassend kann gesagt werden, dass das EJMB wichtige Impulse zur Gleichstellung, Teilhabe und Selbstbestimmung von Menschen mit Behinderungen gegeben bzw. die Bevölkerung sensibilisiert hat, weil die Veranstaltungsplattform die Öffentlichkeit war, jedoch die Verwirklichung dieser Ziele so unterschiedlich ausfällt wie die Meinungen von Beteiligten dazu. Daher muss die Frage nach der angestrebten Gesellschaftsform weiterhin auf jeder Ebene diskutiert und auf ihre Zukunftsträchtigkeit hin überprüft werden. Was wollen wir? Eine Gesellschaft für alle oder eine Gesellschaft der Ausgrenzung und Selektion? (vgl. s.o.)

5. Konsequenzen des EJMBs in Sachsen

Seit der Neugründung des Freistaates Sachsen 1990 sollten die behindertenpolitischen Aufgaben wie der Beseitigung der menschenunwürdigen Lebensbedingungen in stationären Einrichtungen und der einhergehenden Über- und Fehlbelegungen, sowie der Aufbau einer regionalen Infrastruktur mit Angeboten und Diensten zur Hilfe und Selbsthilfe und die Durchführung umfassender Untersuchungen zur Lebenssituation von Menschen mit Behinderungen außerhalb von stationären Einrichtungen beantwortet werden.(vgl. Sächsische Staatsministerium für Soziales (Februar 2004): Dritter Bericht zur Lage der Menschen mit Behinderungen und zur Entwicklung der Rehabilitation im Freistaat Sachsen)

Während in den Berichten von 1994 und 1999 (Behindertenreporte) umfassend über die Erfüllung dieser Aufgaben berichtet wurde, beschäftigten sich weitere Berichte mit teilweise differenzierteren Themen: „Frauen mit Behinderung im Freistaat Sachsen" 2001, „Bericht zur sozialen Lage im Freistaat Sachsen“ vom 31. November 2001, „Lebenslagen der Behinderten“ 2002 – Ergebnis des Mikrozensus 1999, „Lernen erleben – Erleben lernen, Erwachsenenbildung von Menschen mit geistiger Behinderung“: Bericht über eine Tagung des Sächsischen Landesbeirates für Erwachsenenbildung 2003, „Antwort auf die Große Anfrage: Menschen mit Behinderung im Freistaat Sachsen“ vom 25. Juli 2003 und der „Sozialatlas des Freistaates Sachsen“ 2003.(vgl. s.o.)

Die Inhalte dieser Berichte wiesen einen notwendigen Paradigmenwechsel von der Bestimmung der Defizite von Menschen mit Behinderungen hin zur Anerkennung ihrer Ressourcen auf. Dies beinhaltete nicht nur die Überprüfung aller bisherigen Angebote auf ihre Inhalte hin, sondern auch eine politische Stellungnahme dazu.

Ein zentrales Problem stellte die berufliche Ausbildung und eine dauerhafte wie auch existenzsichernde Berufstätigkeit für Menschen mit Behinderungen dar. Veränderungen des Arbeitsmarktes bzgl. der Schlüsselqualifikationen Mobilität, Flexibilität aber auch der Kommunikationsfähigkeit unterliegen Menschen mit Behinderungen oft den behinderungsbedingten Einschränkungen.(vgl. s.o.)

Ein teilweiser Ursprung dieses Problems stellt die hohe finanzielle Belastung der Kommunen aber auch der Länder dar. Vor diesem Hintergrund forderte die Landesregierung Sachsen eine dringende Neubewertung aller Aufgaben und eine gerechte zukunftsfähige Verteilung der Ressourcen. Die Eingliederungshilfe sollte endlich den Charakter eines Nachteilsausgleiches annehmen und sich von der fürsorgenden Sozialhilfe im eigentlichen Sinne abtrennen. Von Experten wurde dazu ein steuerfinanziertes Bundesleistungsgesetz als geeignet angesehen.(vgl. s.o.)

Der Aktionsplan der Kommission der Europäischen Gemeinschaft, sowie das neunte Sozialgesetzbuch und das Bundesgleichstellungsgesetz sollen die Rahmenbedingungen der zukünftigen Politik Sachsens geben. Dies kann jedoch nur geschehen, wenn die *„bisher partnerschaftlich geprägte Kultur der Zusammenarbeit im Freistaat Sachsen weiter gepflegt und stabilisiert wird.“*(s.o.)

Dies gilt im Besonderen für den Sächsischen Landesbeirat für Behindertenfragen (SLB) beim Sächsischen Staatsministerium für Soziales, für den Koordinierungsausschuss für Einrichtungen der Behindertenhilfe (KAB) des Sächsischen Staatsministeriums für Soziales und für die Kommission nach § 93 des Bundessozialhilfegesetzes.(vgl. s.o.) Ein weiterer Schritt war die Übergabe des Entwurfes eines Gesetzes zur Verbesserung der Integration von Menschen mit Behinderungen im Freistaat Sachsen an den Sächsischen Landtag im Dezember 2003.

In Anlehnung an die Forderung zum Aufbau von Kompetenzzentren von dem ehemaligen Behindertenbeauftragten Haack der Bundesregierung sollen diese in Sachsen entwickelt werden.

Ein weiteres wichtiges Element der sächsischen Behindertenpolitik sind die Sächsischen Behindertentage. Diese stellen ein Beispiel für das partnerschaftliche Zusammenwirken von Selbsthilfebewegungen, Trägerverbänden, Kommunen und Freistaat dar. Die ersten Behindertentage fanden in den sächsischen Städten Dresden, Leipzig und Chemnitz statt. Im Europäischen Jahr für Menschen mit Behinderungen waren sie in dem Landkreis Löbau-Zittau und in der Stadt Zittau.

Der Sächsische Landtag hat am 24. April 2004 das „Gesetz zur Verbesserung des selbstbestimmten Handelns von Menschen mit Behinderungen im Freistaat Sachsen“ (alter Titel:

‚Gesetz zur Verbesserung der Integration von Menschen mit Behinderungen im Freistaat Sachsen – Sächsisches Integrationsgesetz – SächsIntegrG)' beschlossen, welches am 24. Juni 2004 in Kraft trat. Laut Artikel 7 Absatz 2 der Verfassung des Freistaates Sachsen bekennt sich das *„Land (...) zur Verpflichtung der Gemeinschaft, alte und behinderte Menschen zu unterstützen und auf die Gleichwertigkeit ihrer Lebensbedingungen hinzuwirken."* (Netzwerk Artikel 3, Verein für Menschenrechte und Gleichstellung Behinderter e. V. (Februar/ März 2004): Konsequenz aus dem EJMB)

Bereits 1998/99 hatten die PDS- und SPD-Fraktionen einen Gesetzesentwurf für ein Gesetz zur Gleichstellung, gleichberechtigten Teilhabe und Integration von Menschen mit Behinderungen im Freistaat Sachsen (vgl. Sächsischer Landtag, Gesetzentwurf der PDS-Fraktion und SDP-Fraktion (Oktober 2003): Gesetz zur Gleichstellung, gleichberechtigten Teilhabe und Integration von Menschen mit Behinderungen im Freistaat Sachsen und zur Änderung anderer Gesetze) eingebracht, der jedoch bis zum Ende der Legislaturperiode nicht mehr verabschiedet werden konnte. Mit dem Gesetzesentwurf zum „Gesetz zur Verbesserung des selbstbestimmten Handelns von Menschen mit Behinderungen im Freistaat Sachsen" sollte *„das Menschenrecht von Menschen mit Behinderung auf selbstbestimmtes und würdevolles Leben verwirklicht und trotzdem die Realitäten des Machbaren und Möglichen nicht aus dem Auge verloren werden."* (Sächsischer Landtag (Dezember 2004): Gesetzesentwurf – Gesetz zur Verbesserung der Integration von Menschen mit Behinderungen im Freistaat Sachsen (Sächsisches Integrationsgesetz-SächsIntegrG)

Dieser Gesetzesentwurf verfolgte die gleichen Ziele wie das EJMB und auch das Bundesgleichstellungsgesetz, so die Gleichstellung, die umfassende sowie gleichberechtigte Teilhabe und die Integration von Menschen mit Behinderung im Freistaat Sachsen. Mit dem Artikel 1 wurde das Sächsische Behindertengleichstellungsgesetz (SächsBGG) formuliert, das eigene Gleichstellungsregelungen treffen und das bestehende Benachteiligungen beseitigen bzw. abbauen oder dauerhaft verhindern sollte. Ebenso sollte es eine volle und gleichberechtigte Teilnahme und eine adäquate materielle Gleichstellung nach der Forderung des EJMBs ermöglichen. In weiteren Artikeln (2-19) des Gesetzes sollten wichtige Landesgesetze und Verordnungen geändert werden, zum Beispiel die sächsische Bauordnung, das sächsische Schulgesetz, das ÖPNV-Gesetz (Öffentlicher PersonenNahVerkehr) und das Landesblindengeld- Gesetz.

Nach dem Ende der PDS-SPD-Periode lehnte die CDU-Fraktion einen gemeinsamen Entwurf ab. Die Staatsregierung versprach jedoch noch vor dem Ende des Europäischen Jahres der Menschen mit Behinderung im Dezember 2003 einen eigenen Gesetzentwurf einzubringen.(vgl. Netzwerk Artikel 3, Verein für Menschenrechte und Gleichstellung Behinderter e.V. (Juli 2004): Sächsisches Gleichstellungsgesetz nach langer Diskussion verabschiedet) Dieser wurde von der PDS-Fraktion sehr kritisiert, da die Regierung über anderthalb Jahre dafür gebraucht hätte, um das Bundesgleichstellungsgesetz, also Artikel 1, größtenteils abzuschreiben, landesrechtliche Formulierungen unzureichend anzugleichen sowie eine Verwaltungsvorschrift in einen Gesetzestext zu überführen. Der wohl entschiedenste Nachteil dieses Gesetzes sei jedoch, dass er sich auf Behörden und öffentliche Stellen des Freistaates Sachsen beschränke, ganz im Gegensatz zum Oppositionsentwurf, dessen Gültigkeit bewusst nicht nur auf die Landesinstitutionen festgeschrieben wurde, sondern die Gemeinden, die Landkreise und die sonstigen der Aufsicht des Freistaates Sachsen unterstehenden juristischen Personen des öffentlichen Rechts sowie deren Behörden und sonstige

Stellen in diesen Gesetzentwurf mit einbezieht.(vgl. s.o.) Sie stellten fest, dass die dort enthaltenen Regelungen weit hinter den Intentionen des Behindertengleichstellungsgesetzes auf Bundesebene und hinter dem Gesetzentwurf von PDS und SPD sowie hinter der gesellschaftlichen Praxis im Freistaat zurückbleiben. (vgl. s.o.)

Mit einigen Änderungen wurde dann ausschließlich mit den Stimmen der Regierungsfraktion dem Gesetzentwurf der Staatsregierung zugestimmt, der dann am 23. April 2004 letztlich auch im Landtag verabschiedet wurde. So resultiert die Verabschiedung des Landesgleichstellungsgesetzes aus den Forderungen des EJMBs nach Teilhabe, Selbstbestimmung und Gleichstellung behinderter Menschen, wurde aber bereits im Vorfeld des EJMBs verfasst und eingehend diskutiert. Ob nun bewusst das EJMB die Einführung eines Landesgleichstellungsgesetzes in Sachsen gefördert hat ist nicht deutlich nachvollziehbar. Wohl hat es den Befürwortern, wie der Landesarbeitsgemeinschaft Hilfe für Behinderte Sachsen e.V. (LAGH) oder auch der Bundesarbeitsgemeinschaft SELBSTHILFE von Menschen mit Behinderung und chronischer Erkrankung und ihrer Angehörigen e.V. (BAG SELBSTHILFE) aber neuen Antrieb und eine nicht nur landes- oder deutschlandweite, sondern eine europaweite Beachtung geben können. Die weitere Zeit wird aufzeigen können, inwieweit der Inhalt tatsächlich in die Realität umgesetzt wurde. Anspruch und Wirklichkeit stehen sich nach wie vor gegenüber.

6. Literaturverzeichnis

Behindertenbeauftragte der Bundesregierung Haack (k. A.): Konsequenzen aus dem Europäischen Jahr der Menschen mit Behinderung: http://www.behindertenbeauftragter.de/index.php5?nid=68&Action=pdf; Abruf 10.03.2006

Bericht von der Bilanzveranstaltung des Europäischen Jahres der Menschen mit Behinderungen vom 18.-19. 02. 2004 in Berliner Hotel Maritim pro Arte (Februar 2004): http://asbh-potsdam.de/pdf/ejmb.pdf; Abruf 12.03. 2006

Deutscher Bildungsserver (2003): Das Europäische Jahr der Menschen mit Behinderungen 2003: http:// www.bildungsserver.de/zeigen.html?Seite=1422; Abruf 11. 03. 2006

Bundesministerium für Gesundheit (2003): Nichts über uns ohne uns: http://www.bmg.-bund.de/cln_040/nn_599776/sid_0F1EF2EB4ECE2B57E1025C46E9010DC3/DE/Publikationen/SPI-Aktuelle-Ausgabe/SPI-Archiv/SPI-2003/SPI-06-03/2003-06-Rueckblick-4540,param=.html__nnn=true;Abruf 14. 03. 2006

Bundesministerium für Gesundheit (2003):Das Europäische Jahr der Menschen mit Behinderungen:http://www.bmg.bund.de/cin_040/nn_599776/sid_OF1EF2EB4ECE2B5-7E1025C46E9010DC3/DE/Presse/Pressemitteilungen/Archiv/Presse-BMGS-1-2004/PM-18-02-2004-4869,param=.html__nnn=true; Abruf 14. 03. 2006

Deutscher Behindertenrat (2003): Pressekonferenz zum Welttag der Behinderten am 3. Dezember 2003 – und zum ausgehenden Europäischen Jahr der Menschen mit Behinderung: http://www.deutscher-behindertenrat.de/ID26370; Abruf 12.03.2006

Firlinger, B., Integration: Österreich (Hrsg.), (2003): Buch der Begriffe, Sprache, Behinderung, Integration, Wien.

Frehe, H. (2003): Interview: EJMB 2003 – „Nichts ohne uns über uns!“. In: ZB 1 / 2003:

http://www.integrationsaemter.de/webcom/show_zeitschrift.php/_c-560/_nr-155/i.html Abruf 13.03.2006
Frehe, H. (2004): Bilanz EJMB 2003 „Wichtige Impulse gesetzt". In: ZB 2 / 2004: http://www.integrationsaemter.de/webcom/show_zeitschrift.php/_c-560/_nr-201/i.html; Abruf 13.03.2006
Kommission der Europäischen Gemeinschaften (13. 12. 2005): Mitteilung der Kommission an das Europäische Parlament, den Rat, den Europäischen Wirtschafts- und Sozialausschuss und den Ausschuss der Regionen über Durchführung, Ergebnisse und Gesamtbeurteilung des Europäischen Jahres der Menschen mit Behinderungen 2003: http://europa.eu.int/smartapi/cgi/sga_doc?smartapi!celexapi!prod!celexnumdoc&lg=de&numdoc=52003-dc0650&model=guichett; Abruf 11. 03. 2006
Landesarbeitsgemeinschaft Hilfe für Behinderte Sachsen e.V. (Mai 2003): Landesverband Selbsthilfe Körperbehinderter fordert Landesgleichstellungsgesetz in Sachsen: http://www.kobinet-nachrichten.org/cipp/kobinet/custom/pub/content,lang,1/oid,1359 /ticket,g_a_s_t; Abruf 11. 03. 2006
Netzwerk Artikel 3, Verein für Menschenrechte und Gleichstellung Behinderter e. V. (Februar/ März 2004): Konsequenz aus dem EJMB: http://www..netzwerk-artikel-3.de/netzinfo024/008.php; Abruf 09. 03. 2006
Netzwerk Artikel 3, Verein für Menschenrechte und Gleichstellung Behinderter e. V. (Juli 2004): Sächsisches Gleichstellungsgesetz nach langer Diskussion verabschiedet: http://www.netzwerk-artikel-3.de/netzinfo025/008.php; Abruf 09. 03. 2006
Sächsische Staatsministerium für Soziales (Februar 2004): Dritter Bericht zur Lage der Menschen mit Behinderungen und zur Entwicklung der Rehabilitation im Freistaat Sachsen: http://www.sms.sachsen.de/de/bf/staatsregierung/ministerien/sms/downloads/BerichtBehinderte.pdf; Abruf: 12. 03. 2006
Sächsischer Landtag, Gesetzentwurf der PDS- Fraktion und SDP- Fraktion (Oktober 2003): Gesetz zur Gleichstellung, gleichberechtigten Teilhabe und Integration von Menschen mit Behinderungen im Freistaat Sachsen und zur Änderung anderer Gesetze: http://www.netzwerk-artikel-3.de/dokum/lgg-sachs-07-03.pdf; Abruf 12. 03. 2006
Sächsischer Landtag (Dezember 2004): Gesetzesentwurf- Gesetz zur Verbesserung der Integration von Menschen mit Behinderungen im Freistaat Sachsen (Sächsisches Integrationsgesetz- SächsIntegrG): http://www.netzwerk-artikel-3.de/dokum/saechs-int-ges-entw.pdf,wie auch http://www.netzwerk-artikel-3.de/dokum/lgg-sachsen230404.pdf; Abruf 12. 03. 2006.
Europäische Union: Sozialpolitische Massnahmen zugunsten bestimmter Zielgruppen: Behinderung und Alter (2003):Europäisches Jahr der Menschen mit Behinderungen 2003: URL:http://www.europa.eu.int/scadplus/leg/de/cha/c10314.htm; Abruf 11. 03. 2006

Weitere Literaturquellen

www.aktion-grundgesetz.de (2003): Archiv 2003 – Teilnahme, Gleichstellung, Selbstbestimmung, URL:http://www.aktion-grundgesetz.de/archiv/seite_29792.html, Abruf 10.03.2006.
Das Gesetz zur Gleichstellung behinderter Menschen, Bundesministerium für Gesundheit und Soziale Ordnung (Hrsg.), 2004, Berlin.

Grundgesetz für die Bundesrepublik Deutschland: Artikel 3, Abs. 3.
Kommission der europäischen Gemeinschaften (2003): Chancengleichheit für Menschen mit Behinderung: ein europäischer Aktionsplan, http://europa.eu.int/comm/employment_social/news/2003/oct/de.pdf, Abruf 11.03.2006.
Rat der europäischen Union (2001): Beschluss des Rates vom 3. Dezember 2001 über das europäische Jahr der Menschen mit Behinderung 2003, http://europa.eu.int/comm/employment_social/soc-prot/disable/com271/comfinal_de.pdf, Abruf 12.03.2006.
www.sgb-ix-umsetzen.de (o.J.): Gesetz zur Förderung der Ausbildung und Beschäftigung behinderter Menschen vom 23 April 2004 , http://www.sgb-ix-umsetzen.de/pdfuploads/gesetz_beschaeftigungsfoerderung_bgbl104s0606-00.pdf, Abruf 11.03.2006.
9. Sozialgesetzbuch (SGB) Neuntes Buch (IX) – Rehabilitation und Teilhabe behinderter Menschen. In: Sozialgesetzbuch, 31., vollständig überarbeitete Auflage. Stand: 4. März 2004. C. H. Beck.

Cornelia Schmidt

Die Verankerung von Teilhabe an einem selbst bestimmten Leben in der bundesdeutschen Gesetzgebung

Welche inhaltlichen Forderungen und Zielsetzungen wurden im Europäischen Jahr der Menschen mit Behinderungen (EJMB) 2003 verfolgt und in wie weit wurden diese Ziele in der nationalen Politik der Bundesrepublik Deutschland bzw. in der Gesetzgebung umgesetzt?

Ich werde versuchen, diese Fragestellung zunächst an Hand von Gesamtaussagen in einem Überblick zu konkretisieren. Beginnend mit den Forderungen des EJMB fahre ich anschließend fort mit den Ergebnissen, welche in der Behindertenpolitik in der Bundesrepublik Deutschland zum Umsatz kamen. Explizit befasse ich mich deshalb aus diesem umfangreichen Themenkomplex mit dem Schwerpunkt „Die Teilhabe an einem selbst bestimmten Leben in der Gesellschaft".

1.1. Warum ein Europäisches Jahr der Menschen mit Behinderungen?

Die EU gibt jedem Jahr durch eine thematische Festlegung eine besondere Bedeutung. Somit steht in jedem Jahr aus vielen relevanten Themen ein neuer Schwerpunkt im Vordergrund, welcher dann praktisch umgesetzt wird.

Im Jahr 2003 wurde das „Europäische Jahr der Menschen mit Behinderungen" ausgerufen, um Bürger europaweit grundsätzlich für die Rechte und Belange von Menschen mit Behinderungen zu sensibilisieren. Es stellt sich die allgemeine Frage: Was ist eine Behinderung? „Von Behinderung spricht man, wenn körperliche Funktionen, geistige Fähigkeiten oder die seelische Gesundheit eingeschränkt sind und diese Einschränkungen der Teilhabe am Leben in der Gesellschaft nicht nur vorübergehend beeinträchtigen." (Bundesministerium für Gesundheit und Soziale Sicherheit, 2004: 6). „Behinderung" ist im SGB IX §2 genauer definiert und entspricht den vorangegangenen Ausführungen.

Die „Forderung der EU-Kommission für Chancengleichheit für Behinderte vom 30. Juli 1996" (www.europa.eu) diente als Impuls für die Idee eines EJMB.

Das Budget des EJMB betrug für die Jahre 2002 (für vorbereitende Maßnahmen) und 2003 12 Millionen Euro. Laut Anhang zum Vorschlag werden gemeinschaftsweite Maßnahmen bis zu 80% bezuschusst, Maßnahmen auf nationaler Ebene erhalten einen Gemeinschaftszuschuss von 50%. Die Kommission weist jedem Mitgliedstaat Globalzuschüsse zu, der diese an die nationalen Koordinierungsstellen weiterleitet, die für die Unterstützung der unterschiedlichen Maßnahmen auf lokaler, regionaler und nationaler Ebene zuständig sind (www.europa.eu).

1.2. Die Forderungen im Europäischen Jahre der Menschen mit Behinderungen 2003 an die EU

Die Menschen mit Behinderungen stellten Forderungen bezüglich Veränderungen zu den folgenden Themen und Bereichen:
· Gleichstellung
· Verbesserungen im Bereich Arbeit
· Barrierefreiheit
· Ethik
· Solidarische Gesundheitsversorgung
· Einordnung der Eingliederungshilfe in das SGB XII
· Verbesserte Betreuung behinderter Kinder und Jugendlicher
Im Folgenden werde ich diese Forderungen genauer im Einzelnen ausführen.

1.2.1. Gleichstellung

Die Gleichstellung für Menschen mit Behinderungen wird gefordert. Hierzu soll ein Gesetzentwurf für ein zivilrechtliches Antidiskriminierungsgesetz erarbeitet werden. Außerdem wird die Schaffung von wirksamen Landesgleichstellungsgesetzen verlangt. Noch immer gibt es im Flugverkehr die Verweigerung der Beförderung von Menschen mit Beeinträchtigungen. Dies soll unterbunden werden. Des Weiteren muss es eine Änderung bzgl. der Praxis geben, den behinderten Menschen die Aufnahme in die privaten Kranken- und Lebensversicherungen zu versagen oder sie sogar auszuschließen. Die Diskriminierungen in Gaststätten sowie bei der Aufnahme in Vereine sollen vermieden werden.

1.2.2. Arbeit

Die Bundesanstalt für Arbeit soll sich ihrer Verantwortung für mehr Beschäftigung für Menschen mit Behinderungen aktiv stellen und weiter soll damit eine öffentliche Kampagne der Bundesregierung zur Information und Motivation der Unternehmen und Arbeitgeber umgehend fortgesetzt werden.

Hierbei soll ein strategischer Schwerpunkt in die verbesserte Ausbildung vor allem in betrieblichen Strukturen und Formen gesetzt werden. Es soll keine Kürzungen bei Berufsbildungswerken für behinderte Jugendliche dabei geben.

1.2.3. Barrierefreiheit

Die Behindertenbeauftragten, Behindertenbeiräte und Behindertenverbände sollen umfassend an der Umsetzung des Gesetzes für Barrierefreiheit beteiligt werden.

Alle Verantwortlichen werden aufgefordert, in den Kommunen, Bundesländern und in den Bundesbehörden ihre Anstrengungen zur Herstellung der Barrierefreiheit zu verstärken. Des Weiteren werden die Vertreterinnen der Medien darum gebeten, gute Beispiele öffentlich zu machen, um das Umdenken der Gesellschaft für ein Verständnis für Menschen mit Behinderungen zu unterstützen oder anzuregen.

1.2.4. Ethik

Es wird eine Ethik gefordert, die das Lebensrecht von Menschen mit Behinderungen schützt.
Protestiert wird vehement gegen den Beschluss des Europäischen Parlaments, verbrauchende Embryonenforschung finanziell zu fördern.

1.2.5. Solidarische Gesundheitsversorgung Ethik

Das Solidarprinzip in der Gesundheitsversorgung, die Finanzierung und das Sachleistungsprinzip sollen gestärkt und ausgebaut werden.
Es sollen Maßnahmen zur Prävention und zur Gesundheitsförderung trägerübergreifend entwickelt und umgesetzt werden.
Die Patienten sollen als Case-Manager (eigenständiger Sachkoordinator) im Leistungsgeschehen in den Mittelpunkt aller notwendigen Maßnahmen gestellt werden. Des Weiteren soll das Gesundheitssystem sich den besonderen Bedürfnissen chronisch Kranker und Menschen mit Behinderungen durch individuelle Behandlungsprogramme, Schulungskonzepte und Beteiligungsrechte der Selbsthilfeorganisationen anpassen.

1.2.6. Einordnung der Eingliederungshilfe in das SGB XII

Das Einkommen und Vermögen der Menschen mit Behinderungen soll nicht mehr herangezogen werden, um medizinische oder pflegerische Kosten zu decken. Die beabsichtigte erhebliche Senkung der Freibeträge geht dabei in eine völlig falsche Richtung. Das Prinzip der Bedarfsdeckung soll abgesichert werden.
Es wird gefordert, dass ein persönliches Budget für den Betroffen eingeführt wird, das ein selbst bestimmtes Leben ermöglicht und die persönliche Assistenz als Teilhabe am gesellschaftlichen Leben einschließt.

1.2.7. Verbesserte Betreuung behinderter Kinder und Jugendlicher

Für die verbesserte Betreuung behinderter Kinder soll die Frühförderung bedarfsgerecht ausgebaut werden, die Beratung soll von Eltern für Eltern gesichert werden. Wohnortnahe Strukturen, z.B. Spezialambulanzen, sollen eingeführt werden um unnötige Wege zu verhindern und eine schnelle, gute Versorgung vor Ort zu gewährleisten.
Die Kürzungen im Gesundheitswesen, besonders welche die Kinder und Jugendlichen betreffen, sollen aufgehoben werden.

1.3. Ziele des Europäischen Jahres der Menschen mit Behinderungen

Die aufgestellten Forderungen des EJMB verfolgten diese Ziele:
· Sensibilisierung der Öffentlichkeit für die Rechte von Menschen mit Behinderungen und Schutz vor Diskriminierung in Übereinstimmung mit den Bestimmungen der Charta der Grundrechte der Europäischen Union.

· Anregung von Reflexionen und Diskussionen über Maßnahmen zur Förderung der Chancengleichheit für Menschen mit Behinderungen in Europa.
· Förderung des Erfahrungsaustausches über beispielhafte Verfahren und wirksame Strategien, die auf lokaler, nationaler und europäischer Ebene entwickelt wurden.
· Stärkung der Zusammenarbeit zwischen allen Beteiligten – Regierungen aller Ebenen, Privatsektor, Interessengemeinschaften, Sozialpartner, Wissenschaftler, gemeinnützige Organisationen, Menschen mit Behinderungen und ihre Familienangehörigen.
· Verbesserung der Kommunikation über die Behinderung und Förderung einer positiven Darstellung der Menschen mit Behinderungen.
· Sensibilisierung für die Heterogenität der Bevölkerungsgruppe der Menschen mit Behinderungen und die vielfältigen Formen der Diskriminierung, denen Menschen mit Behinderungen ausgesetzt sind.
· besondere Aufmerksamkeit im Hinblick auf die Sensibilisierung für das Recht der Kinder und Jugendlichen mit Behinderungen auf Gleichbehandlung im Bildungsbereich.

1.4. Menschen mit Behinderungen in der Eurpopäischen Union

In der Charta der Grundrechte der EU im §24 Kapitel II, ist nachzulesen: „Die Union anerkennt und achtet den Anspruch der Menschen mit Behinderungen auf Maßnahmen zur Gewährleistung ihrer Eigenständigkeit, ihrer beruflichen oder sozialen Eingliederung und ihrer Teilhabe am Leben in der Gesellschaft“ (Charta der Grundrechte siehe www.europaparl.eu).

Am 18.12.2000 erkannte die EU diesen genannten Punkt in den Rechten an und verankerte diesen in der Charta der Grundrechte. Drei Jahre später erfolgte die Ausrufung des EJMB. Es reichte den Menschen nicht, diesen Punkt zu erwähnen. Gefordert wurden Maßnahmen, die sehr viel detaillierter sein mussten, und deren konkretere Umsetzung. Noch immer hatten Menschen mit Behinderungen gegen Einschränkungen in den vielfältigsten Bereichen des Lebens zu kämpfen.

Wie sieht es heute im Jahr 2006 aus? Welche Gesetze erarbeitete und verabschiedete die Regierung in der Bundesrepublik Deutschland?

2. Umsetzung der Forderungen des EJMB in Deutschland

Wie sieht es heute in Bezug auf die geforderten Rechte aus dem EJMB für die Menschen mit Behinderungen in Deutschland aus? Wurden Forderungen in Bezug auf das EJMB in Deutschland erreicht und wurden die Ziele in Gesetzen umgesetzt?

Antworten auf diese Fragen fand ich im SGB IX „Rehabilitation und Teilhabe von Menschen mit Behinderungen“ sowie im SGB XII „Sozialhilfe“. Hierbei stieß ich auf Gesetze, die einige der Forderungen des EJMB aufgriffen. Viele Gesetze sind Ende 2003 und im Jahre 2004 in Deutschland verabschiedet worden. Seit dem EJMB wurden SGB IX und SGB XII neu erarbeitet. Ergänzend wurden im SGB II „Grundsicherung für Arbeitssuchende“ einige Regelungen neu getroffen, welche Menschen mit Behinderungen betreffen. Das SGB IX „Rehabilitation und Teilhabe von Menschen mit Behinderungen“ vom 19. Juni

2001, Überarbeitung vom 23. April 2004, sowie das SGB XII in der Fassung des Gesetzes zur Einordnung des Sozialhilferechts in das SGB vom 27. Dezember 2003 nehme ich als Grundlage für meine Ausführungen.

An den Daten der Verabschiedung der Gesetze kann man bereits erkennen, dass diese nach dem EJMB 2003 neu zur Bearbeitung kamen.

Meinen Schwerpunkt habe ich im Folgenden auf „Die Teilhabe an einem selbst bestimmten Leben in der Gesellschaft" gesetzt. Dieses halte ich selbst für einen sehr wichtigen Punkt. Wenn mehr Menschen mit Behinderungen am öffentlichen Leben teilnehmen, wird es mehr und mehr Verknüpfungspunkte zwischen den Menschen mit Behinderungen und denen anderer Gesellschaftsgruppen geben. Dadurch entsteht von allein eine Sensibilisierung für die Belange der Betroffenen. Durch ein Miteinander in der Gesellschaft gibt es mehr Verständnis. Es werden Ängste abgebaut und es besteht vielleicht die Hoffnung, dass einige gesetzliche Forderungen und Ziele somit im Alltag umgesetzt werden, die diesen entsprechen, ohne diesen gesonderte Bedeutung zuzuweisen.

2.1. Die Teilhabe an einem selbst bestimmten Leben in der Gesellschaft

„Die Teilhabe an einem selbst bestimmten Leben in der Gesellschaft" wird als konkreter Punkt nicht direkt gefordert, doch ich interpretiere diesen Willen aus den Inhalten der Forderungen sowie den Zielen. Im Einzelnen möchte ich aus den Forderungen im Punkt 1.2. die „Gleichstellung" und die „Barrierefreiheit" aus den Inhalten benennen.

In den unter Punkt 1.3 genannten Zielen „Sensibilisierung der Öffentlichkeit für die Rechte von Menschen mit Behinderungen und Schutz vor Diskriminierung in Übereinstimmung mit den Bestimmungen der Grundrechtecharta der Europäischen Union" (www.europa.eu) und „Stärkung der Zusammenarbeit zwischen allen Beteiligten – Regierungen aller Ebenen, Privatsektor, Interessengemeinschaften, Sozialpartner, Wissenschaftler, gemeinnützige Organisationen, Menschen mit Behinderungen und ihre Familienangehörigen" (www.europa.eu) sehe ich u.a. die Forderung an der Teilhabe am öffentlichen Leben. Die „Selbstbestimmung und Teilhabe am Leben in der Gesellschaft" ist in §1 SGB IX gesetzlich verankert.

2.2. Teilhabe im SGB der Bundesrepublik Deutschland

Mit einem maßgeblichen Schritt zur Teilhabe, Respektion und zur Wertschätzung der Menschen mit Behinderungen wurde schon im Jahre 2001 begonnen. In den Forderungen wurde in Bezug auf Barrierefreiheit formuliert, dass Behindertenbeauftragte, Behindertenbeiräte und Behindertenverbände umfassend an der Umsetzung des Gesetzes beteiligt werden sollen.

In der Mitwirkungsverordnung (§139 SGB IX) wurden besondere Regelungen zur Teilhabe von Menschen mit schwereren Behinderungen verabschiedet. Es entstand so das erste Mal die offizielle Möglichkeit für Menschen mit Behinderungen, bei wichtigen Entscheidungen, vor allem in Anstalten, dabei zu sein, ihre Meinung zu äußern und ihre Forderungen zu artikulieren. Im §64 SGB IX „Beirat für die Teilhabe von Menschen mit Behinderungen" ist damit die gesetzliche Grundlage geschaffen worden. Damit war Deutschland schon vor dem EJMB aktiv und erarbeitete ein Mitbestimmungsgesetz zur Mitarbeit für Menschen mit schwereren Behinderungen.

Barrierefreiheit heißt für mich des Weiteren, am Leben in der Gesellschaft aktiv teilhaben zu können. Ein normales Leben zu führen und die Hilfen zur Teilhabe am gemeinschaftlichen und kulturellen Leben wahrnehmen zu können, ist eine wichtige Aussage. Bekräftigung für diese Aussage konnte ich im §58 SGB IX unter den Ausführungen zu „Hilfen zur Teilhabe am gemeinschaftlichen und kulturellen Leben" wiederfinden. In Bezug auf Leistungen zur Teilhabe kommt das Gesetz unter §4 SGB IX zum Tragen. Hier heißt es: „Behinderte Menschen haben mit dem SGB IX außerdem einen Anspruch auf barrierefreien Zugang zu Ärzten, Sachverständigen und Therapeuten oder zu Berufsförderungs- und Bildungswerken und zu Verwaltungs- und Dienstgebäuden der Sozialleistungsträger" (Bundesministerium für Gesundheit und Soziale Sicherheit, 2004: 48).

Im §9 SGB IX „Wunsch- und Wahlrecht der Leistungsberechtigten" steht im Vordergrund, dass man selbst bestimmt am Leben, explizit auch am Arbeitsleben, teilnehmen können soll. Zum Thema Arbeit gehören des Weiteren nach §33 SGB IX die „Leistungen zur Teilhabe am Arbeitsleben", dem §34 SGB IX „Leistungen an Arbeitgeber" und in §41 SGB IX die verankerten „Leistungen im Arbeitsbereich". Es ist vor dem Gesetz egal, welcher Personengruppe ein Mensch zugehörig ist. Dazu möchte ich aufgreifen: „Niemand darf wegen seines Geschlechts, seiner Abstammung, seiner Rasse, seiner Sprache, seiner Heimat und Herkunft, seines Glaubens, seiner religiösen oder politischen Anschauungen benachteiligt oder bevorzugt werden. Niemand darf wegen seiner Behinderung benachteiligt werden" (Artikel 3, Absatz 3 Grundgesetz).

Zum Thema Gleichberechtigung fand ich Folgendes: „Zu einem selbst bestimmten Leben in unserer Gesellschaft gehört mehr als eine gute medizinische Betreuung (...)" und weiter heißt es: „(...) dazu gehören auch der Zugang zu Behörden und Rehabilitationsträgern, Erleichterung bei der Kommunikation oder die Hilfe beim Besuch von Theatern, Kinos oder Gaststätten" (Bundesministerium für Gesundheit und Soziale Sicherheit, 2004: 46). Die gesetzliche Festschreibung hierzu ist auch in der Forderung im Gesetz unter §4 SGB IX „Leistungen zur Teilhabe" zu finden.

Anmerken möchte ich noch, dass zur Erleichterung der Kommunikation in §57 SGB IX die „Förderung der Verständigung" festgelegt wurde, sowie in der Eingliederungshilfeverordnung §9 VO nach §60 SGB XII 2b, die weiteren Angaben zu „Anderen Hilfsmitteln", das heißt eben auch, dass die notwendigen technischen Hilfsmittel zur Verfügung gestellt werden.

Insgesamt ist die „Teilhabe am Leben" eines der zentralen Themen, die ich im SGB wiederfand. Neben den bereits genannten Gesetzestexten möchte ich dazu noch nennen:

§5 SGB IX „Leistungsgruppen": Hier sind die Leistungsgruppen in Bezug auf die Teilhabe benannt.

§6 SGB IX „Rehabilitationsträger": Gemeint sind hier Träger der Leistungen, welche zur Teilhabe beitragen.

§14 SGB IX „Zuständigkeitsklärung": An dieser Stelle sind im Gesetz genauer die Stellen benannt, welche zuständig sind, sowie die Fristen, die bei einem Antrag von den Behörden einzuhalten sind.

§15 SGB IX „Erstattung selbstbeschaffter Leistung": Falls es dennoch zu Verzögerungen bei Bearbeitung der Anträge zur Teilhabe kommt, kann man hier Hilfe finden.

§55 SGB IX „Leistungen zur Teilhabe am Leben in der Gemeinschaft": Zu diesem Gesetz kann man die gleichen Forderungen im §53 SGB XII „Leistungsberechtigte und Aufgabe" wiederfinden. Im §53 SGB XII beginnt es im Absatz 1 mit: „Personen, die durch eine Behinderung im Sinne von §2 Abs. 1 Satz 1 des Neunten Buches wesentlich in ihrer Fähigkeit, an der Gesellschaft teilzuhaben, eingeschränkt oder von einer solchen wesentlichen Behinderung bedroht sind, erhalten Leistungen der Eingliederungshilfe, wenn und solange nach der Besonderheit des Einzelfalles, insbesondere nach Art oder Schwere der Behinderung, Aussicht besteht, dass die Aufgabe der Eingliederungshilfe erfüllt werden kann. Personen mit einer anderen körperlichen, geistigen oder seelischen Behinderung können Leistungen der Eingliederungshilfe erhalten."

Weiter hießt es in Absatz 3, §53 SGB XII: „Besondere Aufgabe der Eingliederungshilfe ist es, eine drohende Behinderung zu verhüten oder eine Behinderung oder deren Folgen zu beseitigen oder zu mildern und die behinderten Menschen in die Gesellschaft einzugliedern. Hierzu gehört insbesondere, den behinderten Menschen die Teilnahme am Leben in der Gemeinschaft zu ermöglichen oder zu erleichtern, ihnen die Ausübung eines angemessenen Berufs oder einer sonstigen angemessenen Tätigkeit zu ermöglichen oder sie so weit wie möglich unabhängig von Pflege zu machen."

Zuletzt möchte ich noch erwähnen, was ich in 2b Verordnung nach §60 des SGB XII, Eingliederungshilfeverordnung fand. Unter den §§1-3 wird noch einmal erwähnt, dass die Teilhabe der Menschen mit Behinderungen am Gesellschaftlichen Leben wichtig ist. An dieser Stelle ist noch einmal alles ausführlich festgehalten. Die erste Bekanntmachung dieses Gesetzes wurde bereits am 01.02.1975, also vor über 30 Jahren, verfasst. Zuletzt wurde es am 27.12.2003 geändert. Somit fand eine Änderung statt, nachdem die Forderungen aus dem EJMB bekannt gemacht wurden.

Damit möchte ich meine Aufzählungen zunächst beenden.

2.3. Schlussgedanken

Wie sieht die Teilhabe in der Gesellschaft in der EU aus?

Für eine optimale Integration von Menschen mit Behinderungen in der EU ist noch sehr viel zu tun. Menschen mit Behinderungen sind im Kontext der europäischen Sozial- und Rechtspolitik nur an wenigen Stellen Gegenstand europaweit geltender Regelungen. Insgesamt fand sich nur ein einziger verabschiedeter Artikel in der Charta der Grundrechte §26 Kapitel II wieder (www.europaparl.eu), in dieses Thema aufgegriffen wurde. Auf EU-Ebene sind zur Zeit viele Forderungen als Entwürfe registriert worden. Leider kam es bisher nicht zur Verabschiedung von Gesetzen für Menschen mit Behinderungen. Alle anderen Deklarationen sind lediglich Entwürfe und somit nicht rechtsgültig. Sie bleiben gut gemeinte Absichtserklärungen.

Das Behindertenrecht und der dazugehörige Sozialschutz unterliegen weitgehend der Sozialpolitik und der Rechtsetzung der einzelnen Mitgliedstaaten der EU.

Was ich aus eigenen Recherchen zum Thema Menschen mit Behinderung in der EU entnahm, war, dass eine generelle Umsetzung durch eine rechtliche Festlegung der Gesetze in der EU schwierig ist, da länderspezifisch unterschiedliche Kulturen und ein unterschiedliches Verständnis für das Menschenbild vorherrschen. Ich meine, dass ein generelles

EU-Gesetz ärmere Länder überfordern könnte und eine weitere Folge wäre, dass dann in Deutschland niedrige Standards, als derzeit existierende, festgelegt würden. Ich möchte ein Beispiel anführen: In Ungarn ist das Geld ein wichtiger Gegenstand zur Betreuung von Menschen mit Behinderungen. In Deutschland geht es dagegen thematisch mehr um die Integration von Menschen mit Behinderungen in die Gesellschaft.

Auf der nationalen Ebene hat sich in der Bundesrepublik Deutschland viel getan. In der deutschen Politik sind sehr viele Gesetze seit dem EJMB 2003 entweder überarbeitet oder neu verfasst worden.

Nach meinen gewonnenen Erkenntnissen übernimmt Deutschland offensichtlich in diesem Bereich europaweit eine Vorreiterfunktion. Beispielhaft wurden die Forderungen aus dem EJMB zum Thema „Teilhabe an einem selbst bestimmten Leben in der Gesellschaft" in den Gesetzestexten umgesetzt. Jedoch beschränkten sich meine Erarbeitungen zunächst nur auf Gesetze. Bis zur Vollendung der Umsetzung in ganz Deutschland bedarf es noch einer Menge Arbeit.

Bibliographie

Bundesministerium für Gesundheit und soziale Sicherheit 2004. SGB IX. Rehabilitation und Teilhabe von Menschen mit Behinderungen Inclusive Fragen und Antworten zu Praxis. Pößneck: GGP Media.
Europa 2005, Wissen – Verstehen – Mitreden. (2004) Florenz: Mozzon-Giuntina.
Europäische Beschäftigungs- und Sozialpolitik (2000) Luxemburg: Europäische Gemeinschaft.
Fakten und Zahlen zur Europäischen Union (2004) Luxemburg: Europäische Gemeinschaft.
Langenscheidts Universal Wörterbuch Englisch (1992) Berlin/München/Wien/Zürich/New York: Langenscheidt.
Meyers großes Taschesnlexikon(1990) Mannheim/Zürich/Wien: Brockhaus.
Neues großes Lexikon (2001) Köln: Buch und Zeit.
SGB (2004) Sozialgesetzbuch. München: Deutscher Taschenbuchverband.
Verfassung für Europa (2005) Belgien/Luxemburg: Europäische Gemeinschaft.

Internetrecherchen

http://www.europarl.eu.int/search/simple/perform2.do?language=DE&query=Jahr+der+Behinderten&x=15&y=8 [Abruf: 19.11.06]
http://www.europa.eu.int/scadplus/leg/de/cha/c11414.htm [Abruf: 19.11.06]
http://www.europa.eu.int/scadplus/leg/de/cha/c11412.htm [Abruf: 19.11.06]
http://www.europa.eu.int/scadplus/leg/de/cha/c11413.htm [Abruf: 19.11.06]

II. Blick auf die Praxis

Gabriele Frisch/Britta Wagner
Barrierefreiheit als Basis für Mobilität

Was können Informationskampagnen zur Sensibilisierung der Öffentlichkeit für die vielfältigen Formen der Diskriminierung behinderter Menschen leisten? Sie sind ein erster, positiver Anstoß, der mit weiteren, konkreten Maßnahmen verbunden sein muss, wie der Schaffung gesetzlicher Rahmen-bedingungen, allgemeiner Richtlinien und Standards. Der langwierige Prozess der Umsetzung all dieser Vorgaben kann nur durch nachhaltige Motivation und Förderung jener Partner in Gang gehalten werden, die in die Pflicht zu nehmen sind. Dabei spielt die Finanzierung oft gar keine so entscheidende Rolle, vielmehr fehlt das nötige Know-how bei Organisationen, Einrichtungen und Unternehmen, die davon betroffen sind. Berührungsängste müssen abgebaut, Lernprozesse initiiert und wirksame Evaluierungsmaßnahmen entwickelt werden. Hier kommen die zahlreichen Behindertenorganisationen ins Spiel, die aufgrund der Erfahrungen ihrer Mitglieder den nötigen Praxis- und Realitätsbezug für eine adäquate Umsetzung beisteuern können.

Das Europäische Jahr der Menschen mit Behinderungen 2003 hat in Österreich zahlreiche Initiativen hervorgebracht. U. a. hat das Bundesministerium für soziale Sicherheit, Generationen und Konsumentenschutz bereits im April 2002 ein Österreichisches Arbeitsprogramm mit fünf Schwerpunkten vorgestellt. Einer davon betrifft das Thema „Barrierefreiheit“: „Für Menschen mit Behinderungen ist die Zugänglichkeit der baulichen Umwelt sowie die Benützung der Produkte und Dienstleistungen eine wesentliche Voraussetzung für ihre gesellschaftliche Teilhabe in allen Lebensbereichen.“ (Bundesministerium für soziale Sicherheit und Generationen: Europäisches Jahr der Menschen mit Behinderungen 2003 Österreichisches Arbeitsprogramm. Wien, 2002.) Sie ist Basis für die Mobilität behinderter Menschen, die wiederum Voraussetzung für eine volle Integration in die Gesellschaft ist. Für blinde und sehbehinderte Menschen bedeutet Mobilität, sich selbstständig, angstfrei und sicher im öffentlichen Raum bewegen zu können. Mobilität bedeutet aber auch, über ausreichende Orientierungshilfen zu verfügen und gut vorbereitet bzw. informiert zu sein. (Kuratorium für Verkehrssicherheit: Unterwegs im Dunkeln. Mobilitätsbedingungen von blinden und sehbehinderter Personen. Wien, 2004.)

Barrierefreiheit hat sich in den letzten Jahren im öffentlichen Raum zu einer vielbeachteten Thematik entwickelt. Dabei geht es in erster Linie um die materiellen bzw. technischen Aspekte: Architekten (Aus Gründen der Lesbarkeit wurde auf gendergerechte Formulierungen verzichtet. Männliche Termini stehen auch stellvertretend für die weibliche Form.) planen barrierefreie Gebäude, im öffentlichen Verkehr werden barrierefreie Stationen, Fahrzeuge und Signalanlagen implementiert und selbst in der Kulturszene wird auf jene Besucher und Zuschauer Rücksicht genommen, die ganz „spezielle“ Bedürfnisse haben, oder sogar ein spezifisches Programm geboten. Geht eine barrierefreie Website online, wird das (eher seltene) Ereignis medial hochgejubelt. In der Öffentlichkeit entsteht so der Eindruck, dass wir auf dem besten Weg zur barrierefreien Gesellschaft sind. Dabei dürfen allerdings einige wichtige Aspekte nicht vergessen werden: Zum einen existieren schon seit geraumer Zeit entsprechende EU-Richtlinien, Ö-Normen und seit dem 1. Jänner 2006 das Bundesbehindertengleichstellungsgesetz (BGStG), das den Schutz vor Diskriminierung von Menschen mit Behinderungen gewährleistet und u. a. die Barrierefreiheit von Gebäuden und Verkehrsflächen als Grundvoraussetzung für die Teilnahme behinderter Menschen am sozialen Leben vorsieht. Zum anderen: Was für Behinderte eine große Hilfestellung bedeutet, erleichtert auch anderen Menschen den Alltag. Eine Mutter mit Kinderwagen profitiert von einer Rampe oder einem Aufzug ebenso wie eine gehbehinderte, ältere Dame. Akustische Informationen für blinde und sehbehinderte Menschen im öffentlichen Verkehr nützen auch betagten Personen, deren Sehkraft nachgelassen hat. Die fortschreitende Überalterung der europäischen Bevölkerung verlangt ohnehin nach mehr Rücksichtnahme auf die Bedürfnisse alter Menschen. Große Schriften, gut sichtbare Leitsysteme und kontrastreiche Ausstattung in öffentlich zugänglichen Baulichkeiten helfen letztlich allen Benutzern.

Die Vorteile der „Barrierefreiheit für alle" liegen auf der Hand. Die Umsetzung gestaltet sich allerdings nicht ganz so problemlos. Es fehlt durchaus nicht immer am guten Willen, wohl aber fallweise – mangels Erfahrung – am nötigen Know-how und/oder an der sozialen Kompetenz. Was behinderte Menschen wirklich brauchen, wissen sie selbst am besten. Daher ist es sehr zu begrüßen, wenn sie sowohl in die Ausarbeitung von Richtlinien einbezogen werden als auch in der Umsetzungsphase bei der Planung und Konzeption als „Experten in eigener Sache" vertreten sind. Denn erfahrungs-gemäß ist die barrierefreie Adaptierung von Baulichkeiten im Nachhinein teurer und aufwändiger als die Berücksichtigung behindertenfreundlicher Einrichtungen bei einem Neubau. Die zahlreichen Behindertenorganisationen, deren Expertise einen ganz wesentlichen Beitrag zur Umsetzung von Barrierefreiheit leistet, fungieren als Motor – sofern sie alle an einem Strang ziehen. Denn die Bedürfnisse der verschiedenen Gruppen, deren einzige Lobby sie oft darstellen, decken sich nicht immer. Was für Blinde hilfreich ist, kann für Rollstuhlfahrer ein Problem sein und umgekehrt. In Österreich existiert die Fachberatungsstelle „freiraum", die ihr Know-how für die Entwicklung und Umsetzung barrierefreier Konzepte zur Verfügung stellt. Öffentliche Stellen, Unternehmen und Privatpersonen werden von einem Expertenteam (in dem auch Betroffene sitzen) beraten. Der gemeinnützige Verein „freiraum" vertritt Österreich in der EU-Dachorganisation European Institute for Design and Disability und hat gemeinsam mit dem Bundesministerium für soziale Sicherheit, Generationen und Konsumentenschutz 2006 die Broschüre „Barrierefreiheit für alle", ein Handbuch für barrierefreie Gebäude, präsentiert.

Die Hilfsgemeinschaft der Blinden und Sehschwachen Österreichs befasst sich seit geraumer Zeit mit dieser Thematik und beschränkt sich dabei nicht nur auf die materiellen Hindernisse im Alltag der Betroffenen. Das erklärte Ziel des 1935 gegründeten, gemeinnützigen, konfessionell und parteipolitisch unabhängigen Vereins ist die kontinuierliche Verbesserung der Lebensqualität blinder und stark sehbehinderter Menschen in Österreich. Im Vordergrund stehen zahlreiche, meist kostenlose Beratungs- und Serviceleistungen für rund 4.200 Mitglieder. Das im Oktober 2005 in Wien eröffnete Beratungszentrum „Lichtblick" besticht durch die konsequente behindertengerechte Ausstattung: Es berücksichtigt nicht nur die Bedürfnisse blinder und sehbehinderter Besucher, sondern ist auch für Rollstuhlfahrer, geh- und hörbehinderte Menschen optimal geeignet. Ergänzend zur Mitgliederbetreuung publiziert die Hilfsgemeinschaft eine eigene Monatszeitschrift und informiert die Öffentlichkeit im Rahmen von Aufklärungskampagnen über die Wichtigkeit der Augenvorsorge. Viele altersbedingte Erkrankungen und somit Erblindungen sind vermeidbar, wenn sie rechtzeitig diagnostiziert und therapiert werden.

Der Verein bringt seine Expertise in verschiedene Gremien ein, die sich mit dem Abbau von – meist baulichen, also materiellen – Barrieren befassen und bietet darüber hinaus Schulungen für den richtigen Umgang mit blinden und sehbehinderten Menschen an. Um die Interessen visuell eingeschränkter Menschen in Österreich effizient zu vertreten, ist die Hilfsgemeinschaft u. a. im Verkehrsgremium der Blinden- und Sehbehindertenorganisationen der Ostregion (Wien, Niederösterreich, Burgenland) tätig, in dem auch die Organisationen Blickkontakt, Österreichische Blindenwohlfahrt und Österreichischer Blinden- und Sehbehindertenverband vertreten sind. Die Ziele des 1999 ins Leben gerufenen Gremiums sind die Verbesserung der Mobilität blinder und sehbehinderter Menschen im öffentlichen Raum (d. h. die Benutzbarkeit öffentlicher Verkehrsmittel), die Führung von Verhandlungen mit Behörden und Institutionen sowie Öffentlichkeitsarbeit, bei der es um das Aufzeigen und Beseitigen von „Fallen“ und gefährlichen Situationen sowie um Aufklärungsarbeit geht. Darüber hinaus werden abgesicherte Grundlagen erarbeitet und Planungsunterlagen erstellt, z. B. für tastbare Leitsysteme, Verkehrslichtsignalanlagen mit akustischen und taktilen Hilfseinrichtungen usw.

Weitere Aktivitäten der Hilfsgemeinschaft betreffen die Österreichische Arbeitsgemeinschaft für Verkehrssicherheit visuell behinderter Menschen, die Interessenvertretung der behinderten Menschen in Wien und das Österreichische Normungsinstitut, wo im Rahmen der Fachgruppe für Blindenhilfsmittel (AG 196.06 Blindenhilfsmittel) eine Ö-Norm für die Glasflächen- und Stufenkennzeichnung entwickelt wird. Auf internationaler Ebene ist die Hilfsgemeinschaft Mitglied beim Europäischen Behindertenforum (EDF – European Disability Forum) und unterhält zahlreiche Kontakte zu anderen europäischen Blindenverbänden zwecks Erfahrungsaustausch.

Auf nationaler Ebene kooperiert die Hilfsgemeinschaft im Rahmen von Projekten mit anderen Behindertenorganisationen. Als Beispiel sei die 2005 bereits in der zweiten Auflage erschienene, kostenlose Broschüre „krank, behindert, ungehindert (...) in Wien“ angeführt, die vom BIZEPS (Behindertenberatungszentrum Zentrum für Selbstbestimmtes Leben) herausgegeben und vom Bundessozialamt aus Mitteln der Beschäftigungsoffensive der österreichischen Bundesregierung (Behindertenmilliarde) gefördert wurde. Das umfangreiche Nachschlagewerk, das im Rahmen des Projekts „Behinderte Menschen im Krankenhaus und in anderen Gesundheitseinrichtungen“ im November 2002 erstmals erschienen ist und sofort vergriffen war, enthält Mindeststandards für Gesundheitseinrichtungen sowie Adressen samt Spezifikationen von barrierefreien Arztpraxen, Apotheken und anderen Gesundheitseinrichtungen in ganz Wien. Alle diese Informationen sind inzwischen auch im Internet unter http://www.praxisplan.at (Filterfunktion „Messdaten über Zugänglichkeit der Ordinationen“) verfügbar und werden laufend aktualisiert.

Im Folgenden sollen einige Projekte aus den letzten Jahren vorgestellt werden, die von der Hilfsgemeinschaft realisiert wurden bzw. an denen die Hilfsgemeinschaft beteiligt war. Diese Ausführungen beziehen sich explizit auf die Arbeit für blinde und sehbehinderte Menschen in Österreich. Auf die Situation anderer Behindertengruppen oder von Menschen mit Mehrfachbehinderungen kann hier nicht näher eingegangen werden.

Barrierefreier Tourismus in Österreich

Ein wesentlicher Arbeitsschwerpunkt der Hilfsgemeinschaft in den letzten Jahren stellt der barrierefreie Tourismus in Österreich dar. Das Potenzial beeinträchtigter oder behinderter Urlauber ist groß: Bereits 1996 ging die Europäische Kommission von einer Nachfrage von 193 Millionen Übernachtungen im EU-Raum aus (Europäische Kommission, Generaldirektion XXIII (Hrsg.): Reiseziel Europa für Behinderte. Handbuch für Tourismusfachleute. Brüssel, 1996.). Basierend auf diesen Zahlen errechnete das Bundesministerium für soziale Sicherheit, Generationen und Konsumentenschutz in einer Studie aus 2003 ein Marktpotenzial für Österreich von 580.000 Urlaubern (Berdel, Dieter; Grödl, Doris; Schoibl, Heinz: Qualitätskriterien im Tourismus für behinderte und ältere Menschen. Studie im Auftrag des Bundesministeriums für soziale Sicherheit, Generationen und Konsumentenschutz: Wien, 2003.). Die Begleitpersonen sind hier noch gar nicht berücksichtigt. Die österreichischen Tourismusbetriebe haben in Punkto Gäste mit beeinträchtigter Mobilität einen großen Nachholbedarf. Speziell die Angebote für sehbeeinträchtigte Urlauber sind mager und schwer zugänglich, weil Barrierefreiheit meist nur im Kontext mit Rollstuhlfahrern gesehen wird. Die Aktivitäten der Hilfsgemeinschaft umfassen daher nicht nur ein Urlaubsangebot in zwei eigenen Häusern, die speziell für blinde und sehbehinderte Menschen konzipiert sind, sondern auch Kooperationen mit Reiseveranstaltern. Das Projekt „Reisen mit anderen Augen" beinhaltet die Ausarbeitung von Serviceleitfäden und Gestaltungstipps für Anbieter touristischer Einrichtungen. Auf der Website der Hilfsgemeinschaft http://www.hilfsgemeinschaft.at finden sich Reisetipps für blinde und sehbehinderte Touristen, die laufend ergänzt und aktualisiert werden.

Darüber hinaus hat die Hilfsgemeinschaft an der Entwicklung der Website der seit 2003 bestehenden Infoplattform Barrierefreier Tourismus in Österreich (IBFT) http://www.ibft.at im Bereich „sehbehinderte und blinde Gäste" mitgearbeitet. Auf dieser Website können barrierefreie Tourismusangebote in Österreich gesucht und eingetragen werden. Die (barrierefreie) Website verfügt über eine umfassende Datenbank, die als zentrale Informationsstelle hinsichtlich aller Belange des barrierefreien Tourismus fungiert. Studien, Berichte, Literaturverzeichnisse und andere Materialien werden zum Download angeboten. Die IBFT veranstaltete im Mai 2006 eine Fachtagung, bei der erfolgreiche Projekte aus Deutschland, Italien und der Schweiz präsentiert wurden. Schwerpunkt war die für den Projekterfolg wichtige Konzeption und Umsetzung einer behindertengerechten touristischen Servicekette, die von der Planung und Buchung über die Anreise bis zum Aufenthalt und zur Abreise alle Stationen umfasst. Die Ergebnisse dieses Expertentreffens sind ebenfalls auf der Website der IBFT zu finden. Die Infoplattform bietet seit 2006 für Tourismusbetriebe Seminare am WIFI-Wien zum Thema „Gäste mit eingeschränkter Mobilität – eine besondere Herausforderung im Tourismus" an. Unsicherheit und Unwissenheit, die oft den Umgang mit behinderten Menschen prägen, sollen in diesem Seminar abgebaut, die soziale Kompetenz der Kursteilnehmer gefördert werden.

Als zielführend in Punkto Umsetzung von Barrierefreiheit haben sich Kooperationen mit großen Unternehmen im Bereich der Personenbeförderung erwiesen, um die Rahmenbedingungen für barrierefreies Reisen zu verbessern.

POPTIS (Pre-On-Post-Trip-Informations-System)

Das von den Wiener Linien in Kooperation mit dem Verkehrsgremium Ost, in dem die Hilfsgemeinschaft vertreten ist, entwickelte akustische Verkehrs- und Reiseinformationssystem POPTIS soll blinden und schwer sehbehinderten Verkehrsteilnehmern die bessere Nutzung vorhandener Orientierungshilfen ermöglichen. Ausgangspunkt ist das taktile Stationsleitsystem der Wiener U-Bahnlinien, das durch handelsübliche Technologien wie Computer mit Sprachausgabe oder Handy mit Screenreader ergänzt wird. In der ersten Phase wurden sämtliche Informationen über die Stationen der Linie U3 gesammelt: Aufgänge, Ausgänge, Aufzüge, die Ausstattung mit taktilen Leitsystemen, die Umstiegsmöglichkeiten usw. Alle diese Daten können seit Ende Jänner 2005 unter http://www.wienerlinien.at (Button „barrierefreie Informationen") über das Internet am Computer oder Handy abgerufen werden. Die Beschreibungen der Gehwege wurden gemeinsam mit Mobilitätstrainern, vor allem aber mit blinden Testpersonen, bei Stationsbegehungen getestet und auf deren Bedürfnisse abgestimmt. In der zweiten, bis Ende 2008 laufenden Phase sollen die Daten des gesamten Wiener U-Bahnnetzes für blinde und sehbehinderte Verkehrsteilnehmer abrufbar sein. POPTIS kann eingesetzt werden für die Verkehrserziehung Jugendlicher, zur Ausbildung spät erblindeter Personen, als Richtlinie für Mobilitätstrainer oder als Wegbegleiter und Erinnerungshilfe für blinde und sehbehinderte Menschen. In der Pre-Trip-Funktion über das Internet am Computer ist POPTIS ein wichtiger Ratgeber für Reisevorbereitungen. In der On-Trip-Funktion kann jede beliebige Info über ein Handy in Erinnerung gerufen werden. In der Post-Trip-Funktion kann man jeden persönlich erprobten Weg aus dem Baukasten auf ein eigenes Speichermedium zur Archivierung abspeichern. Mobilitätstrainer stellen damit Trainingseinheiten zusammen.

Die nachhaltige Unterstützung dieses Projektes durch die Hilfsgemeinschaft ist dadurch begründet, dass blinde und sehbehinderte Menschen die Wiener U-Bahn als beliebtestes Verkehrsmittel bezeichnen. Sie fühlen sich „unter der Erde" sicherer als im städtischen Verkehr an der Oberfläche. Vorteile, wie das taktile Leitsystem, die Tonbandansagen der einzelnen Stationen, die sprechenden Lifte mit taktilen Tastern in Norm- und Brailleschrift, die gute Hörbarkeit der herannahenden U-Bahn, bieten selbstständige Orientierung und Mobilität unabhängig von einer Begleitperson. Es gibt keine Doppel- und Mehrfachhaltestellen, an denen Linien verwechselt werden könnten, die U-Bahn hält in jeder Station und die Haltestellen können auch nicht verlegt werden, wie es bei Straßenbahn oder Bus der Fall ist. Für das individuelle Gefühl von Sicherheit nehmen blinde und sehbehinderte Fahrgäste der Wiener U-Bahn auch größere Umwege in Kauf, um ihr Fahrziel zu erreichen. (Kuratorium für Verkehrssicherheit: Unterwegs im Dunkeln. Mobilitätsbedingungen von blinden und sehbehinderter Personen. Wien, 2004.).

Um öffentliche Verkehrsmittel ohne Begleitperson benützen zu können, benötigen blinde und stark sehbehinderte Menschen ein Mobilitätstraining. Regelmäßig genutzte Wege werden gemeinsam mit einem Mobilitätstrainer erarbeitet, eventuelle Hindernisse und Gefährdungen identifiziert und individuelle Lösungen gefunden. Das Mobilitätstraining erhöht die persönliche Sicherheit des Betroffenen und erweitert seinen Radius im öffentlichen Raum. Angeboten werden diese Schulungen von den Sehbehinderten- und Blindenverbänden Österreichs. Menschen, die über einen Blindenführhund als Hilfsmittel zur Orientierung verfügen, geben an, dass sie sich damit sicherer und mobiler fühlen als mit dem Langstock. Die speziell ausgebildeten Tiere können Hindernisse im Kopf-, Rumpf- und Bodenbereich ihres Besitzers erkennen und umgehen bzw. vermeiden derartige „Fallen“. Sie suchen Ausgänge, Treppen, Lifte, Sitzgelegenheiten, Zebrastreifen, Telefonzellen und Briefkästen. Ein gut ausgebildeter Blindenführhund beherrscht etwa 70 akustische Zeichen, so genannte „Hörzeichen“, wie z. B. „Geradeaus“, „Suche Türe“ oder „Überquere Straße“. Bei drohender Gefahr muss der Hund auch in der Lage sein, einen Befehl seines Besitzers zu verweigern, um ihn zu beschützen. Gemeinsam mit seinem Halter kann ein Blindenführhund auf bestimmte Wege eingeschult werden, wie z. B. zum Arzt, zur Bank, zum Arbeitsplatz usw. Danach ist er in der Lage, seinen Besitzer sicher ans Ziel zu führen. Im Normalfall benützen blinde Menschen jahrelang den Langstock, bevor sie sich für einen Hund als Unterstützung entscheiden. Vom Kuratorium für Verkehrssicherheit befragte Halter von Blindenführhunden haben ausnahmslos bestätigt, dass sie durch das Tier eine wesentliche Verbesserung ihrer Mobilität erfahren haben. Die persönliche Selbstständigkeit und Unabhängigkeit wird durch den Blindenführhund erhöht, die Bewältigung des Alltages als hindernisärmer und gefahrenfreier empfunden. Und nicht zuletzt ermöglicht das Tier ein höheres Maß an sozialer Integration, weil es oft Auslöser für einen ersten Kontakt ist und so Hemmnisse abgebaut werden. (Vgl. a.a.O.) Dazu muss angemerkt werden, dass der Blindenführhund nur für Betroffene in Frage kommt, die gewillt sind, eine Beziehung zu dem Tier aufzubauen und ihm zu vertrauen. Allerdings ist die Anschaffung eines „Hilfsmittels auf vier Pfoten“ mit hohen Kosten verbunden (ca. 25.000 Euro), seine durchschnittliche „Dienstzeit“ liegt bei etwa zehn Jahren. Ein Anspruch auf finanzielle Unterstützung ist nur bei berufstätigen blinden Personen gegeben. Dadurch wird der Kreis der Nutznießer dieser Möglichkeit leider stark eingeschränkt.

An dieser Stelle ist es angebracht, auf die Problematik der Kennzeichnung von sehbehinderten und blinden Menschen im Straßenverkehr hinzuweisen. Laut Straßenverkehrsordnung (StVO) sind „Seh- oder Hörbehinderte mit weißem Stock oder gelber Armbinde“ vom so genannten Vertrauensgrundsatz ausgenommen. D. h. andere Straßenbenützer dürfen nicht darauf vertrauen, dass sie sich an die Straßenbenützungsvorschriften halten, weil sie Gefahren nicht erkennen und sich daher auch nicht dieser Einsicht gemäß verhalten können. Die schon von weitem gut sichtbare Kennzeichnung eines sehbehinderten oder blinden Straßenverkehrsteilnehmers liegt also in seinem eigenen Interesse. Dennoch weigern sich viele Betroffene, die gelbe Armbinde zu tragen oder den Langstock zu benutzen. Sie fühlen sich stigmatisiert und werden – wie die Erfahrung leider gezeigt hat – durch die Kennzeichnung auch noch zur Zielscheibe für Taschendiebe oder Betrüger. Dennoch ist die Gefahr für Leib und Leben im Straßenverkehr ungleich größer als die Bedrohung durch Taschendiebe, die meist materiellen Schaden anrichten. Aber auch im Fall eines Diebstahls sind Stürze und Verletzungen bei den Betroffenen nicht auszuschließen. Darüber hinaus kann es für einen sehbehinderten oder blinden Verkehrsteilnehmer negative gerichtliche Folgen haben, wenn er einen Unfall verursacht oder daran beteiligt ist, ohne entsprechend gekennzeichnet zu sein. Es wird noch sehr viel Aufklärungsarbeit notwendig sein, bis die Stigmatisierung von Menschen, die „anders sind“ kein gesellschaftlich relevantes Thema mehr darstellt.

Barrierefreie Bahnhöfe

Ein weiteres Projekt der Österreichischen Arbeitsgemeinschaft für Verkehrssicherheit visuell behinderter Menschen, in dem die Hilfsgemeinschaft, der Österreichische Blinden- und Sehbehindertenverband sowie der Verein Blickkontakt vertreten sind, betrifft die Kooperation mit der ÖBB-Infrastruktur Betrieb AG, einem Unternehmen der Österreichischen Bundesbahnen (ÖBB), zur Einrichtung barrierefreier Bahnhöfe. Dafür mussten spezielle Bausteine für ein neues taktiles Bodenleitsystem entwickelt werden, weil die vorhandenen Systeme den Anforderungen betreffend lange Haltbarkeit nicht gerecht wurden. Die neu entwickelten Leitsteine haben 2001 den Verkehrssicherheitspreis des Kuratoriums für Verkehrssicherheit erhalten und werden inzwischen auch auf anderen Verkehrsflächen wie Asphalt- und Betongehsteigen verwendet. Bisher wurden auf 85 Bahnhöfen in ganz Österreich 83 Kilometer des neuen Blindenleitsystems verlegt. Dazu kam der Einbau neuer Aufzüge, die Anbringung taktiler Handlaufinformationen sowie anderer Hilfestellungen.

Bei diesem Projekt standen viele Probleme am Beginn der inzwischen so erfolgreichen Kooperation. Die Forderungen der Behindertenverbände waren lange nicht gehört worden und auf Seiten der ÖBB gab es große Berührungsängste. Die ersten Kontakte Ende 1999 waren von gegenseitigem Misstrauen geprägt. Dazu kam noch das Kommunikationsproblem zwischen den sehenden Technikern und den blinden „Experten in eigener Sache". Skizzen und Pläne erleichtern im Normalfall die Klärung technischer Aspekte. Darauf musste aber gänzlich verzichtet werden. Man behalf sich schließlich mit taktilen Zeichnungen, die aus verschieden starken Kartonsorten „gebastelt" wurden. Die ersten gemeinsamen Erfolge haben das wechselseitige Vertrauen gestärkt und die Zusammenarbeit verbessert. Beide Seiten haben rasch erkannt, dass sie sich in einer win-win-Situation befinden: Die Planer sparten viel Zeit und Mühe durch den Erfahrungsaustausch mit ihren „Zielgruppen" und die Behindertenorganisationen konnten ihre Expertise in Konzeption, Planung und Umsetzung einbringen. Denn viel zu oft wurden Behindertenorganisationen „zwangsbeglückt" und so in die undankbare Rolle der Kritiker gedrängt, während die Gegenseite sich Zustimmung und Dankbarkeit erwartete.

Ein anderes Projekt betrifft die Verbesserung der optischen Informationen auf Bahnhöfen. Dazu gehört auch die bessere Lesbarkeit der Angaben auf den Monitoren, die durch kontrastreiche Gestaltung, größere Schriften und gut lesbare Schriftarten optimiert werden soll. Die sehbehindertenfreundliche Optik befindet sich derzeit in der Testphase. Bevor von den ÖBB neue Erkenntnisse flächendeckend in die Praxis umgesetzt werden, laufen umfassende Tests unter realistischen Bedingungen, um Mängel auszumerzen und optimale Ergebnisse zu erzielen.

Barrieren sind aber nicht immer nur materieller Natur, sie manifestieren sich auch in den Köpfen der Menschen. Wertneutrale Technik kann leichter an die Bedürfnisse von blinden und sehbehinderten Menschen angepasst werden als das menschliche Umfeld mit seinen Berührungsängsten und subjektiven Hemmschwellen. An dieser Stelle ist anzumerken, dass der Einsatz von Technik als Mittel zum Zweck sehr zu begrüßen ist, jedoch nicht zum reinen Selbstzweck mutieren oder gar zur Abhängigkeit führen darf. Der menschliche Faktor ist jedenfalls immer zu berücksichtigen, wie die folgenden Schulungsprojekte zeigen.

Barrierefreies Reisen zu Luft und zu Land

Eine wichtige Kooperation hat sich im Sommer 2004 mit der Austrian Airlines Group ergeben, die aber erst durch permanentes Insistieren des Österreichischen Zivil-Invalidenverbandes (ÖZIV) und der Hilfsgemeinschaft zustande kam. Fast ein Jahr lang musste intensive Überzeugungsarbeit von beiden Organisationen geleistet werden, bis man bei Austrian Airlines bereit war, noch vor Inkrafttreten des Behindertengleichstellungsgesetzes die Anliegen behinderter Menschen besser verstehen zu lernen. Die neuen Angebote sollten auf die Bedürfnisse aller behinderten Fluggäste abgestimmt werden und so wurde neben dem ÖZIV und der Hilfsgemeinschaft auch der Österreichische Gehörlosenbund „an Bord geholt". Gemeinsam mit den Trainern dieser Behindertenorganisationen, unter denen sich auch Betroffene befinden, wurde ein Schulungsprogramm für die Mitarbeiter von Austrian Airlines entwickelt, die in direktem Kundenkontakt stehen. Dieses Gleichstellungstraining basiert auf praktischer Selbsterfahrung und theoretischer Wissensvermittlung. Individuelle Erlebnisse der Schulungsteilnehmer, wie etwa der Rollstuhlparcours oder Tastführungen mit dem Langstock, hinterlassen bleibende Eindrücke und fördern das Verständnis für die Bedürfnisse behinderter Fluggäste. Die Hilfsgemeinschaft erarbeitete z. B. neue Richtlinien für sehbehinderte und blinde Passagiere, um die Servicekette von der Buchung bis zur Ankunft zu optimieren. Darüber hinaus wurde Austrian Airlines bei der Gestaltung von Informationsmaterialien für sehbeeinträchtigte Kunden beraten.

In einem weiteren Schritt mussten die Arbeitsprozesse und -abläufe hinterfragt und angepasst werden. Mit diesem Mitarbeiter-Trainingsprogramm übernahm die Austrian Airlines Group eine Vorreiterrolle unter den heimischen Personentransportunternehmen. Austrian Airlines war bestens gerüstet, als im Juli 2006 die EU-Verordnung über die Rechte von behinderten Flugreisenden und von Flugreisenden mit eingeschränkter Mobilität in Kraft trat. Diese Verordnung sieht unter Artikel 11 (Schulung) vor, dass Luftfahrt-unternehmen und die Leitungsorgane von Flughäfen dafür Sorge zu tragen haben, dass ihre eigenen Mitarbeiter und die Mitarbeiter von Subunternehmen über entsprechende Kenntnisse im Umgang mit behinderten Menschen verfügen und in Fragen der Gleichstellung geschult sind, wobei auch Auffrischungskurse vorzusehen sind. (Vgl. Verordnung (EG) Nr. 1107/2006 des Europäischen Parlaments und des Rates vom 5. Juli 2006 über die Rechte von behinderten Flugreisenden und Flugreisenden mit eingeschränkter Mobilität.).

So konnten bereits ab 1. Oktober 2004 laufend positive Neuerungen für behinderte Passagiere bei der Austrian Airlines Group erzielt werden: Gehör- und sehbehinderte Fluggäste dürfen nun in unbegrenzter Anzahl und ohne Begleitperson (mit Ausnahme von taubblinden Passagieren, die eine Begleitperson benötigen) reisen. Davor waren Gruppenreisen nicht möglich. Die Anzahl der Rollstuhlfahrer pro Flug wurde, unabhängig von der Flugzeugtype, erhöht. Begleitpersonen sind nur dann nötig, wenn die Erfüllung der persönlichen Bedürfnisse (z. B. Toilette) nicht selbstständig möglich ist. An Bord gibt es inzwischen eine Safety-Card in Blindenschrift. Assistenz-, Partner- und Blindenführhunde dürfen jetzt kostenlos in die Passagierkabine mitgenommen werden. Weiters wurden am Flughafen Wien Schwechat neue Special Cases Desks von Austrian Airlines eingerichtet. Um diese nutzen zu können, muss die Buchung 24 Stunden vor dem Abflug erfolgen und die Art der Behinderung und der benötigten Hilfestellung angegeben werden. Wer ohne Begleitperson zum Flughafen kommt, kann die Hilfe eines Travel Coaches in Anspruch nehmen, der die Begleitung bis zum Flugzeug übernimmt.

Das Gleichstellungstraining für die Mitarbeiter der Austrian Airlines Group ist inzwischen zu einer ständigen Einrichtung geworden. Seit 2006 nutzen auch die Österreichischen Bundesbahnen das Schulungsangebot von ÖZIV und Hilfsgemeinschaft. Rund 80 Mitarbeiter eines Subunternehmens der ÖBB, das für Reinigung und Sicherheit zuständig ist, wurden im Umgang mit behinderten Fahrgästen im Rahmen von Gleich-stellungs-trainings geschult. Dabei wurde das erfolgreiche Konzept der Schulungen für die Austrian Airlines, das vor allem auf Selbsterfahrung basiert, übernommen. Zwei Ziele sollten damit erreicht werden: Höhere Zufriedenheit bei den Kunden und Abbau von Berührungsängsten auf Seiten des Personals. Die ÖBB haben eine zentrale Koordinationsstelle für Barrierefreiheit in ihrem Konzern eingerichtet, die im ständigen Kontakt mit den Behindertenorganisationen steht. Auch die Züge der ÖBB sollen künftig behindertenfreundlicher werden. Der in Produktion befindliche Zug der Zukunft, der „railjet", verfügt neben taktilen Elementen für sehgeschädigte Fahrgäste über einen fahrzeuggebundenen Hebelift, mehrere Rollstuhlplätze sowie über eine barrierefreie Toilette. Wann er in Betrieb gehen wird ist allerdings noch ungewiss.

Für die beteiligten Behindertenorganisationen sind diese Kooperationen wichtige Schritte in Richtung barrierefreier Tourismus und barrierefreies Reisen. Was aber noch viel wichtiger ist: Behinderte Menschen treten aus ihrer Rolle als passive Almosenempfänger heraus und übernehmen eine aktive Rolle bei der Umsetzung der „Barrierefreiheit für Alle", indem sie sich als anerkannte „Experten in eigener Sache" positionieren.

Barrierefreies Internet

Die Teilnahme am Kommunikationsprozess ist ein wesentlicher Bestandteil sozialer Integration. Das gilt natürlich auch für technisch vermittelte Kommunikation. Der Zugang zu barrierefreien Websites, die Informationen und/oder Dienstleistungen anbieten, bedeutet für blinde und sehbehinderte Menschen mehr Selbstständigkeit, mehr Unabhängigkeit und damit auch mehr Mobilität. Barrierefreie technisch vermittelte Kommunikation steht als wesentlicher Bestandteil am Beginn der touristischen Servicekette, von der bereits die Rede war.

Das Bundesbehindertengleichstellungsgesetz gibt blinden und sehbehinderten Internet-Usern Anlass zur Hoffnung. Unter Artikel 1 § 6 (5) – „Unverhältnismäßige Belastungen" steht:

Barrierefrei sind (...) Systeme der Informationsverarbeitung sowie andere gestaltete Lebensbereiche, wenn sie für Menschen mit Behinderungen in der allgemein üblichen Weise, ohne besondere Erschwernis und grundsätzlich ohne fremde Hilfe zugänglich und nutzbar sind. (BGBl. I Nr. 82/2005 Bundes-Behindertengleichstellungsgesetz – BGStG in der Fassung vom 10. August 2005.)

Darüber hinaus ist in Österreich seit 1. März 2004 das E-Government-Gesetz (E-GovG) in Kraft, mit dem geeignete rechtliche, technische und organisatorische Rahmenbedingungen für die elektronische Kommunikation zwischen Bürgern und Behörden geschaffen wurden. Eine diese Rahmenbedingungen ist im § 1 (3) geregelt und betrifft den Zugang behinderter Menschen zu Web-Inhalten der öffentlichen Verwaltung:

Bei der Umsetzung der Ziele dieses Bundesgesetzes ist Vorsorge dafür zu treffen, dass behördliche Internetauftritte, die Informationen anbieten oder Verfahren elektronisch unterstützen, spätestens bis 1. Jänner 2008 so gestaltet sind, dass internationale Standards über die Web-Zugänglichkeit auch hinsichtlich des barrierefreien Zugangs für behinderte Menschen eingehalten werden. (BGBl. I Nr. 10/2004 E-Government-Gesetz – E-GovG in der Fassung vom 27. Februar 2004.)

Damit wurden gesetzliche Grundlagen geschaffen, die es ermöglichen gegen die Diskriminierung bestimmter Personengruppen anzugehen, wenn sie von Informationsangeboten ausgegrenzt werden. Auch im Bereich der Kommunikation ist die Umsetzung der „Barrierefreiheit für Alle" ein wichtiges Ziel, von dem letztlich alle profitieren: Seh- und hörbehinderte sowie blinde Menschen, Menschen mit eingeschränkter Motorik bzw. eingeschränkter Mobilität, die Generation 50plus (auch „Silversurfer" genannt), Migranten, Menschen mit Lese- oder Lernschwäche, und generell jeder User, der schon einmal an unübersichtlichen Web-Angeboten gescheitert ist.

Behindertenorganisationen ermöglichen interessierten Usern einen barrierefreien Zugang zu ihren Informationen im Web. Blinde Menschen können sich die Textinformationen dieser Internetseiten von einer Computerstimme vorlesen lassen oder sie mit Hilfe einer Braillezeile, die wie ein taktiler „Zusatzbildschirm" funktioniert, ertasten. Sehbehinderte Benutzer können sich mit einer speziellen Software die Bildschirmdarstellung vergrößern lassen. Während Behörden dem gesetzlichen Auftrag inzwischen Folge leisten, hinken andere Anbieter noch hinterher, weil sie das enorme Marktpotenzial noch immer nicht erkannt haben.

Auch hier sind Anbieter gut beraten, wenn sie Betroffene in die Planung und Konzeption von barrierefreien Internetauftritten einbinden. Denn es geht nicht nur um technische, sondern auch um optische und inhaltliche Aspekte, die zu berücksichtigen sind. Und was für Bauwerke gilt, trifft auch auf Internetauftritte zu: Eine nachträgliche Adaptierung ist immer zeitaufwändiger und teurer als ein „Neubau". Erste Ansätze finden sich bei der bereits erwähnten Austrian Airlines Group, die unter http://www.aua.com im Unterverzeichnis „Reisevorbereitung" zumindest Informationen und Services zum Thema „Barrierefreies Reisen" anbietet. Geplant ist die Einrichtung eines Bereiches, in dem Menschen mit Einschränkungen ihre Flüge barrierefrei online buchen können. Wie Austrian Airlines bieten auch die ÖBB bislang nur Hilfestellungen und Infos unter „Barrierefreies Reisen" auf http://www.oebb.at an. Bereits einen Schritt weiter sind die Wiener Linien, die gleich auf ihrer Startseite http://www.wienerlinien.at links oben mit dem Button „Hier geht's zu den barrierefreien Informationen der Wiener Linien" aufwarten. Diese drei Beispiele zeigen, dass die Realisierung des barrierefreien Internetzugangs für alle noch in weiter Ferne liegt. Dabei handelt es sich aber durchaus nicht um ein begrenztes Problem auf nationaler Ebene, sondern um eines mit internationalen Dimensionen. So wies UN-Generalsekretär Kofi Annan am Internationalen Tag der Menschen mit Behinderungen (3. Dezember 2006), der dem Schwerpunktthema „E-accessibility" gewidmet war, auf die Wichtigkeit eines gleichberechtigten Zugangs zur Informationstechnologie hin:

> As information and communication technologies spread across the world, drawing in more and more users every day, most websites remained inaccessible to the millions of people who have difficulty manipulating a mouse, or who are visually impaired and need a 'screen reader' or large fonts to read the page. Slowly, Governments and the private sector have been recognizing the economic and social benefits of making websites fully accessible, and have been putting in place changes involving software and hardware alike. (Kofi Annan: Make the Internet available to everyone, 15. November 2006. http://portal.unesco.org/ci/en/ev.php-URL_ID=23451&URL-_DO=DO_TOPIC&URL_SECTION=201.html (12.12.2006))

In der Vergangenheit wurde die Hilfsgemeinschaft wiederholt gebeten, neue Website-Angebote auf ihre Tauglichkeit für blinde und sehbehinderte Menschen zu testen. Erst nach und nach setzt sich auch hier die Erkenntnis durch, dass es sinnvoller ist, die Expertise der Betroffenen nicht erst am Ende der Umsetzungsphase einzuholen. Selbstverständlich wird auch im Bereich barrierefreies Internet immer wieder die Kooperation mit anderen Behindertenorganisationen gesucht. Aus solchen Überlegungen ist 2005 die Internet-Initiative „Accessible Media" (siehe dazu Accessible Media unter http://www.accessible-media.at (13.12.2006)) hervorgegangen, die sich aus Web-Anbietern, Dienstleistern und betroffenen Usern zusammensetzt. Die Plattform steht jedem offen, der sein Wissen zum Thema „barrierefreies Internet" einbringen möchte oder beim Aufbau einer barrierearmen bzw. -freien Website beraten oder begleitet werden möchte bzw. eine Begutachtung seines Internetauftrittes anstrebt.

Die vorgestellten Projekte und die Beispiele für die gelungene Umsetzung von Barrierefreiheit als Voraussetzung für Mobilität zeigen deutlich, dass der Weg, den die Hilfsgemeinschaft eingeschlagen hat, um die Interessen ihrer Mitglieder effizient zu vertreten, der richtige ist. Die Erfahrung hat gezeigt, dass Barrieren nicht durch scharfe Kritik, permanentes Wehklagen oder plakativen Aktionismus beseitigt werden können, sondern nur durch langfristige partnerschaftliche Zusammenarbeit mit allen Beteiligten. Rahmenbedingungen und Ziele sind definiert, Ansprechpartner bei Behörden, Institutionen und Unternehmen identifiziert. Die Umsetzung der „Barrierefreiheit für Alle" hat begonnen. Der Weg dorthin ist ein langer. Wie schon erwähnt, lösen sich behinderte Menschen im Zuge der angestrebten Gleichstellung immer mehr von ihrer Rolle als Almosenempfänger und bringen sich selbst aktiv in den gesellschaftlichen Veränderungsprozess ein. Dabei sollte auf Seiten so mancher Behindertenorganisation nicht länger übersehen werden, dass Forderungen nach Sonderbehandlungen oder Sonderrechten nicht adäquat sind, wenn gleichzeitig Integration und Gleichstellung angestrebt wird. In diesem Punkt haben fallweise auch Menschen mit Beeinträchtigungen noch einen kleinen Aufholbedarf.

Weiterführende Literatur und Links:

Bundesministerium für soziale Sicherheit, Generationen und Konsumentenschutz: Bericht der Bundesregierung über die Lage behinderter Menschen in Österreich. Wien, März 2003.
2010: Ein hindernisfreies Europa für alle. Bericht der von der Europäischen Kommission eingesetzten Expertengruppe. Oktober 2003.
http://www.ibft.at/infodb/doc/2010-Barrierefreies-Europa.pdf (13.12.2006)
Bundesministerium für Wirtschaft und Arbeit: Ökonomische Impulse eines barrierefreien Tourismus für alle. (Dokumentation 526) Münster und Berlin, November 2003. Download als pdf-Datei 1,3 MB unter http://www.bmwi.de
ECA European Concept für Accessibility. Technical Assistance Manual 2003.
http://www.eca.lu/documents/eca_full.pdf (13.12.2006)
Hitsch, Wolfgang: Probleme, Risiken und Chancen des barrierefreien Tourismus. Diplomarbeit am Institut für Unternehmensführung, Tourismus und Dienstleistungswirtschaft, Fakultät für Betriebswirtschaft der Leopold-Franzens-Universität Innsbruck. Innsbruck, März 2005.
Rannegger, Rudolf: Barrierefreier Tourismus in Österreich. Diplomarbeit an der IMC Fachhochschule Krems Fachhochschul-Diplomstudiengang „Tourismusmanagement und Freizeitwirtschaft". Krems, Mai 2006.

Radtke, Angie; Charlier, Michael: Barrierefreies Webdesign. Attraktive Websites zugänglich gestalten. München, August 2006.

Weiterführende Links zum Thema „barrierefreies Internet“:

http://www.ibm.com/able/ (13.12.2006)
Microsoft Portal zur Zugänglichkeit: http://www.microsoft.com/enable/ (12.12.2006)
UNO – The Standard Rules on the Equalization of Opportunities for Persons with Disabilities: http://www.un.org/esa/socdev/enable/dissre00.htm (14.12.2006)
Schweizer Initiative „Design for All“: http://www.design4all.ch/ (13.12.2006)
Linksammlung „Barrierefreier Zugang (Accessibility)“ erstellt im Rahmen des vom deutschen Bundesministerium für Bildung und Forschung geförderten Projektes MMiSS (MultiMedia Instruction in Safe Systems): http://www.evaluieren.de/infos/links/barriere.htm (15.12.2006)
Private Seite zum Thema Webdesign ohne Barrieren mit vielen Links, Codebeispielen und Workshops: http://barrierefrei.e-workers.de/ (13.12.2006)
Startseite des Lehrgangs Barrierefreies Webdesign an der Uni Linz: http://www.bfwd.at (13.12.2006)
Umfangreiche Seite zum Thema Webdesign mit vielen Infos und Links: http://www.barrierefreies-webdesign.de (13.12.2006)
United States Access Board (Bestimmungen zur Section 508, gesetzliche Bestimmungen in den USA): http://www.access-board.gov/508.htm (13.12.2006)
Aktion Mensch – Initiative für ein barrierefreies Web (Bestimmungen zur deutschen Verordnung Barrierefreie Informationstechnologie): http://www.einfach-fuer-alle.de/artikel/bitvfueralle/ (14.12.2006)
Startseite W3C (www-Consortium) mit Bestimmungen hinsichtlich WAI (Web Access Initiative) mit Subseiten bzw. deutscher Übersetzung:
http://www.w3.org/WAI/ (14.12.2006)
http://www.w3.org/TR/WAI-WEBCONTENT/ (14.12.2006)
http://www.w3.org/Consortium/Offices/Germany/Trans/WAI/webinhalt.html (14.12.2006)

Rita Pickardt
Gedanken zum europäischen Jahr der Menschen mit Behinderungen

Im Europäischen Jahr der Menschen mit Behinderungen sollte über die Lebenssituation und den Umgang mit behinderten Menschen verstärkt aufmerksam gemacht werden. „Nicht über uns ohne uns" lautete das Motto dieses Jahres. Grob zusammengefaßt läßt sich folgendes Resumé für Solingen ziehen: Das Bewußtsein der Menschen auch in der veröffentlichten Meinung ist geschärft, bei der konkreten Umsetzung gibt es immer noch große Schwierigkeiten, nicht zuletzt weil das Geld fehlt.

Vor dem Jahr der Behinderten

Bereits vor dem Europäischen Jahr der Menschen mit Behinderungen hat die Stadt Solingen 1974 einen Behindertenbeirat eingerichtet, an dem alle Gruppen und Initiativen und politische Vertreter unserer Stadt beteiligt sind und der sich mit allen politischen Themen auseinandersetzt und nach der konkreten Behindertentauglichkeit befragt. So werden Bebauungspläne seit Jahren auf ihre Auswirkungen für Menschen mit Behinderungen hin untersucht und es sind Planungen in Nuancen verändert worden. Ebenso wird der Sozialbereich immer wieder bearbeitet.

Seit 16 Jahren findet in unserer Stadt der ‚Familientag für Behinderte und Nichtbehinderte' statt. Anläßlich dieses festen Termins können sich in einem Solinger Schulzentrum alle Vereine, Verbände und Organisationen mit ihrer Arbeit dort konkret vorstellen – Vereine, die in der Behindertenarbeit tätig sind ebenso wie die der Nichtbehinderten. „Hemmschwellen abbauen und die Integration fördern" lautet der Leitspruch. Ebenso ist dort das gegenseitige Kennenlernen ein wichtiger Bestandteil. Dieser Tag wird von der Solinger Bevölkerung mittlerweile gut angenommen, so daß es zu vielen Begegnungen kommt und breiter über die Alltagsschwierigkeiten von behinderten Menschen nachgedacht wird.

Relativ umfassend werden auch integrative Schulen ab dem Grundschulbereich in verschiedenen Stadtteilen angeboten; Problem hier ist der Schulwechsel, der dann bestimmte Integrationsprogramme nicht fortsetzt.

Interessant ist sicher auch die Tätigkeit der ‚Lebenshilfe' vor Ort. Diese gemeinnützige GmbH mit Werkstätten hat in unserer Stadt sowohl im erwerbswirtschaftlichen Sektor wie bei der Übernahme öffentlicher Aufgaben (seit 2004 Betrieb einer Eishalle) eine ständig steigende Bedeutung und führt vor, auch Menschen mit Behinderungen entsprechend ihren Möglichkeiten einsetzen zu können.

Seit dem Jahr der Behinderten

Der wichtigste Impuls des Jahres der Behinderten war eine höhere öffentliche Anteilnahme und eine umfassendere Berichterstattung. Konkret hiervon profitiert haben die oben genannten Institutionen, deren Wirken öffentlicher geworden ist. Absehbar war dies im Jahr 2003 in einer deutlich höheren öffentlich Präsenz.

Insbesondere die ‚Lebenshilfe' ist ein kaum mehr wegzudenkender Partner der Stadt Solingen geworden, die wegen der schlechten Finanzausstattung Leistungen nicht mehr anbieten kann.

Konkret ist die Stadt Solingen im April 2003 der sogenannten ‚Erklärung von Barcelona' aus dem Jahr 1995 beigetreten und hat sich damit einer politischen Selbstverpflichtung in Behindertenfragen freiwillig unterworfen. Dies wäre ohne die öffentliche Berichterstattung und den entsprechenden Druck so sicher nicht geschehen.

Konkreter Ausfluß ist auch die Schaffung der Stelle einer Behindertenkoordinatorin, die zum einen den Behindertenbeirat in seiner Arbeit unterstützt, der aber auch zum anderen als eine Art Ombudsmann konkreter Ansprechpartner vor Ort und in der Verwaltung ist. Bei den integrativen Schulangeboten hat sich konkret wenig verändert. So sehr bei den politisch Verantwortlichen und der Verwaltung Problembewußtsein besteht, so wenig geben die städtischen Finanzen andere Möglichkeiten her. Hier sind die Kämpfe die gleichen geblieben.

Das größte Problem bleibt die Teilhabe von Behinderten am täglichen Leben; so sehr hier sicher öffentliche Sensibilität erreicht worden ist, so sehr scheitern viele gut gemeinte Verbesserungsvorschläge schlichtweg am Geld. Der Grundsatz behindertengerechten Bauens läßt sich bei Neubauprojekten gut realisieren und auch öffentlich einfordern. Beim Bestand gehen Nachrüstungen richtig ins Geld und unterbleiben oft ganz (besonders drastisch ist dies am zentralen Bahnhof zu beobachten: ein Gleis ist renoviert und hat einen Aufzug; ein anderes Gleis ist nicht renoviert und für Rollstuhlfahrer schlichtweg nicht zugänglich. Auch ist ein Großteil der Solinger Verwaltung – noch – in Altbauten untergebracht, die für Behinderte schlichtweg schlecht oder gar nicht zugänglich sind). Hier würde ich mir mehr Pragmatismus im Alltag wünschen; manche Rampe könnte aus Holz sein und müßte nicht erst aufwendig neu errichtet werden (mir scheinen die Standards manchmal so hoch zu sein, daß dann auf eine Nachrüstung lieber gleich ganz verzichtet wird!). Positiv ist zu werten, daß die städtische Busflotte durchgängig mit breiten Türen ausgestattet ist, die eine Nutzung für Rollstuhlfahrer ermöglicht.

Am meisten in Solingen wurde beim Bau der Regionale-Projekte erreicht, dort ist die Barriere-Freiheit wirklich komplett beachtet und durchgeführt worden.

Fazit

Das ‚Europäische Jahr der Behinderten' hat in unserer Stadt öffentlich stattgefunden und behinderte Menschen mit ihren Problemen eine größere Aufmerksamkeit verschafft. Dieser Zweck ist damit eindeutig geglückt. Dadurch ist ein solides Fundament geschaffen worden. Verbesserungen insbesondere in der Infrastruktur, die Geld kosten, sind damit aber nicht von selbst erreicht worden. Diese können am ehesten bei Neubauprojekten eingefordert werden. Verbesserungen in bestehenden Einrichtungen sind nur schwer durchsetzbar, wobei es manchmal am Pragmatismus der Beteiligten mangelt, um eine kostengünstige Möglichkeit zu finden.

Kurz: einiges ist besser geworden – dicke Bretter müssen aber nach wie vor gebohrt werden.

Anton Diestelberger
Arbeit mit autistischen Menschen – eine Frage der Qualität

Rainman's Home, ein gemeinnütziger Verein zur Integration und Rehabilitation autistisch und anders behinderter Menschen, ist sozusagen aus der Not heraus entstanden. Eltern autistischer Kinder gründeten im Jahr 1991 in Wien diesen Verein mit dem Ziel, auch nach dem Ende der Schulzeit einen Platz für ihre Kinder zu finden, wo nicht nur Betreuung stattfindet, sondern andere wesentliche Aspekte Beachtung finden. Die persönliche Betroffenheit der Mitglieder, deren Vorstellungen und Wünsche bildeten die Grundlagen, von denen aus die Ziele definiert wurden. „Not-wendig“ war die Gründung einer eigenen Organisation, weil die erfolgreiche Integration und Förderung autistischer Menschen so häufig scheiterte; und in vielen Fällen ist das auch heute noch so.

Im Allgemeinen sind derartig gelagerte Voraussetzungen für eine Vereinsgründung im Behindertenbereich durchaus üblich und dieses „Peer Councelling“ (vgl. Stepina / Oswald, 2003) schöpft seine Kraft aus dem großen persönlichen Engagement, der Bereitschaft zur Selbsthilfe und wohl auch aus einer großen Portion Mut, Kampfbereitschaft und sicherlich auch aus einem beachtlichen Teil Naivität und Gutgläubigkeit.

1. Der Aspekt der Betroffenheit

An der Seite autistischer Kinder haben vielfach Mütter und Väter auf diesem Gebiet echte Expertise erworben. Manchmal ist es auch nur das sichere „Gespür“ dafür, ob eine Einrichtung, sei das jetzt der Kindergarten, die Schule oder ein Trägerverein, den geeigneten Platz für das eigene Kind bieten kann. Allerdings ist diese starke Gefühlsbezogenheit allein zu wenig, wenn es gilt, Konzepte zu erstellen und Ziele zu definieren und diese so zu präsentieren, dass sie auch der Begutachtung und dem Urteil von Experten Stand halten können. Aufbauend auf dem Aspekt der Betroffenheit und mit der immer erforderlichen und daher laufend geübten Fähigkeit des Perspektivenwechsels gelingt es den Betroffenen viel eher, die Welt mit den Augen derer zu sehen, an deren Seite sie stehen. Väter und Mütter begleiten ihre autistischen Kinder, führen sie buchstäblich durch das Leben und lernen so zwangsläufig, zu sehen, zu hören, zu fühlen, kurz so zu empfinden wie diese. In der öffentlichen Diskussion stehen die Perspektiven und Bedürfnisse der Betroffenen und ihrer Angehörigen nur wenig im Mittelpunkt. Die Kluft zwischen der Definitionsmacht der Experten, institutionellen Legitimationsbedürfnissen auf der einen Seite und den Lebensansprüchen auf der anderen Seite blieb auch in Jahren bestehen, in denen die Befassung mit den Problemen behinderter Menschen besonderes Augenmerk erhalten sollte (vgl. Forster / Schönwiese, 1982).

Gerade im Umgang mit autistischen Menschen kommt den Eltern eine besondere Bedeutung bei. Bei den wesentlichsten Therapieansätzen für autistische Kinder werden die Eltern als „Hilfstherapeuten“ (vgl. Rollett / Kastner-Koller, 2001) eingesetzt. Dennoch bleibt die Gefahr groß, von Experten „missbraucht“ zu werden. So geraten Hilfesuchende rasch in eine Zwangslage, wenn sie von einem bestimmten Lager eingenommen oder von selbsternannten „Gurus“ in dem Glauben gehalten werden, Hilfe sei ausschließlich von einer bestimmten Seite zu erwarten. Rasch können da Behinderte und ihre Familien buchstäblich „zwischen die Fronten eines Expertenkrieges“ geraten. Bloß auf das eigene Gefühl gestützt, gelingt es manchen, die fatale Lage zu erkennen. Um jedoch nachhaltig eigene Ideen durch- und umsetzen zu können, bleibt nur der Weg, sich auf eine Warte der sachlichen Distanziertheit zu begeben und Praxis glaubhaft und nachvollziehbar mit Theorie zu verknüpfen. Einfach ausgedrückt, man hat sich für alle erkennbar zum Experten zu machen und auch das nötige wissenschaftliche Rüstzeug zu erwerben. Eine Voraussetzung, die nicht leicht zu erfüllen ist, was daher nur eine relativ kleine Gruppe von Betroffenen auch wirklich schafft.

2. Die Verbindung von Praxis und Theorie

In seinem Modell des praktischen Zirkels, in dem sich Johann Friedrich Herbart mit Lernprozessen auseinandersetzt, trifft er die klare Aussage: „Bloße Praxis ist eigentlich Schlendrian“ (Herbart, 1982: 124f.). Jenen aber, die ihre Theorien überbetonen, sei entgegen gehalten: Wer nur die Theorie betreibt, kann leicht zum Scharlatan werden! Herbart entwickelt folgerichtig das Modell der handlungstheoretischen Orientierung im Primat der Praxis und spricht in diesem Zusammenhang vom pädagogischen Takt: „Nun schiebt sich aber bei jedem noch so guten Theoretiker, wenn er seine Theorie ausübt, (...) zwischen die Theorie und die Praxis ganz unwillkürlich ein Mittelglied ein, ein gewisser Takt nämlich, eine schnelle Beurteilung und Entscheidung, die nicht, wie der Schlendrian, ewig gleichförmig verfährt, aber auch nicht, wie eine vollkommen durchgeführte Theorie wenigstens sollte, sich rühmen darf, bei strenger Konsequenz und in völliger Besonnenheit an die Regel, zugleich die wahre Forderung des individuellen Falles ganz und gerade zu treffen“ (Herbart 1982: 126). „Diesem Theorie-Praxis-Modell liegt ein Verständnis von Erfahrung zu Grunde, welches den Primat der Praxis gegenüber der Theorie, was deren Praktischwerden betrifft, ebenso anerkennt wie die Priorität der Theorie gegenüber der jeweils vorherrschenden Praxis, was deren Kritik und Neuorientierung betrifft“ (Benner 1987: 247).

Gerade beim Umgang mit speziellen Bedürfnissen von Menschen treten immer wieder Experten wie „Gurus“ auf. Im Besitz von absolutem Wissen ist aber keiner, kann niemand sein. Daher ist jenen zu misstrauen, die den falschen Anschein erwecken, nur sie allein könnten Hilfe sein. Der Umgang mit Menschen, denen spezielle Bedürfnisse Handlungsvielfalt nehmen und sie so daran hindern, in bestimmten Situationen auf sehr vielfältige Art reagieren zu können, kann als zentrales Thema der Heilpädagogik verstanden werden. Und ein besonderes Wesensmerkmal der Heilpädagogik ist wiederum die Interdisziplinarität. Das bedeutet, dass Pädagogik, Medizin und Psychologie gleichberechtigt nebeneinander stehen, wenn es darum geht, „menschenmögliche“ und „menschenwürdige“ Lebensformen zu schaffen und zuzulassen. Da alle diese Überlegungen jedoch vor dem Hintergrund gesellschaftlicher Bedingungen ablaufen, sind zusätzliche Bereiche, wie Gesetze, Verordnungen, Erlässe, vorherrschende öffentliche Meinung, wirtschaftliche Lage und dergleichen zu beachten. Hier dürfte ein Hauptproblem liegen. Diejenigen, die gesetzliche Rahmenbedingungen schaffen, streben nach möglichst allgemein gültigen Regelungen, die immer und für alle Fälle zutreffende Antworten sein können. Aus der Warte der Heilpädagogik ist hingegen besonders die Individualisierung, das Eingehen auf den einzelnen Menschen, ein zentrales Element. Zwischen diesen beiden Polen schwingt das Pendel hin und her.

3. Individualisierung als zentraler Konzeptschwerpunkt

Im Konzept von Rainman's Home steht Individualisierung im Mittelpunkt. Um individuelle Fördermodelle überhaupt andenken zu können, sind weitere Voraussetzungen zu erfüllen. Wenn die Frage beantwortet werden soll, wo ein Mensch in seiner Entwicklung steht, kann das nur vor dem Hintergrund von Modellen aus dem Bereich der Entwicklungspsychologie geschehen. Ebenso verlangt das Festlegen neuer Ziele, die auf eine bestimmte Person zugeschnitten sind, diesbezügliche Überlegungen. Allein die Einsicht, dass es das Hauptziel der pädagogischen Bemühungen sein sollte, ein Leben zu ermöglichen, das den Grundsatz „Mensch sein unter Menschen" möglichst berücksichtig, macht deutlich, dass es in diesem System keine linearen Prozesse geben kann. So wird in diesem Zusammenhang deutlich gemacht, dass jeder Mensch in komplexe ganzheitliche Systeme eingebunden ist.

Alle Menschen, und solche mit speziellen Bedürfnissen besonders, werden von ihren eigenen inneren Konstrukten bestimmt. Daher ist bei der Arbeit mit Menschen, die einer Unterstützung bedürfen, diese spezielle innere Konstruktion besonders zu berücksichtigen. Dagegen ist nicht anzukämpfen, sondern damit ist zu arbeiten. Diese Herleitung soll veranschaulichen, dass von Fall zu Fall und von Mensch zu Mensch eine individuelle Lösung der bestmöglichen Förderung und der adäquaten Hilfestellung zu finden ist. Vielleicht ist die Erkenntnis enttäuschend, es kann demnach kein allgemein gültiges und endgültiges Ziel geben, nicht in der Behindertenarbeit und auch nicht im Leben jedes Einzelnen.

4. Die Grenzen des Machbaren

Es gilt daher, das Erstrebenswerte mit großer Vorsicht, Behutsamkeit und entsprechender Hochachtung vor dem jeweiligen Ich anzusteuern und dabei die Sicht der Dinge aus der Perspektive der umgebenden Menschen zu berücksichtigen. Ohne Resignation anklingen zu lassen, eröffnet das Bewusstsein von den Grenzen des Machbaren mehr Wege als es verschließt. Relativ umfassende und komplexe Modell liegen den pädagogischen Ansätzen von Rainman's Home zu Grunde. Ohne weiter auf Aussagen aus dem Bereich der Chaostheorie und der gemäßigten Form des pädagogischen Konstruktivismus einzugehen, wird die Grundidee des Konzeptansatzes bei Rainman's Home deutlich. Allerdings läuft gezielte Individualisierung und Rücksichtnahme auf spezielle Bedürfnisse nicht auf eine Arbeit im „Laissez-faire-Stil" hinaus, sondern führt im Gegenteil zur Methode des „Strukturierten Lehrens und Lernens" (vgl. Diestelberger / Zöttl, 2005).

Wenn in einem Förderkonzept die Individualisierung besonders herausgestrichen wird, müssen folglich unterschiedliche Möglichkeiten der persönlichen Assistenz anerkannt werden. Zu beachten ist dabei, dass keineswegs von vornherein Klarheit darüber besteht, was „gut" ist. „Schon der englische Moralphilosoph George Edward Moore (vgl. Moore, 1970) macht deutlich, dass ‚gut' eigentlich eine leere Worthülse ist, die von Fall zu Fall und immer von neuem mit Inhalt zu erfüllen sei. Er geht in seinem Werk ‚Principia Ethica', das 1903 in Cambridge veröffentlicht wurde, der Frage nach, was die grundlegenden Prinzipien des ethischen Vernunftgebrauchs sind. Dabei kommt er bei der Beantwortung der Frage ‚Was ist an sich selbst gut?' zu Folgerungen, wie sie vor ihm von Philosophen gemeinhin nicht gemacht wurden. Er spricht in diesem Zusammenhang vom naturalistischen Fehlschluss, möchte man ‚gut' auf einen einzigen einfachen Gegenstand – also auf ein Merkmal – festlegen. Undefinierbar ist demnach nicht das Gute oder die Gesamtheit dessen, was immer die Bezeichnung gut trägt, sondern die Bezeichnung selbst" (Diestelberger / Zöttl, 1999: 73 f). Dabei kommt es auf die eigene Position entscheidend an. Daher kann „Gutes", aus einer anderen Warte betrachtet, nicht gut sein (Rapid gegen Austria endet zwei zu eins – gut oder nicht gut?).

Wer keinerlei Assistenz benötigt, ist in der Lage, ein selbst bestimmtes Leben zu führen. Je größer der Verlust an Handlungsvielfalt und Entscheidungsmöglichkeit, umso höher ist der Bedarf an Unterstützung und somit der Grad der Behinderung. Der Bogen spannt sich von völliger Hilflosigkeit und maximalem Assistenzbedarf bis zu uneingeschränkter Selbstbestimmung und Handlungsmöglichkeit, die keinerlei Unterstützung verlangt. Auf verschiedenen Niveaustufen ist Assistenz von unterschiedlicher Qualität nötig. Daher gibt es im Behindertenbereich so unterschiedliche Bedürfnisse und eine relativ vielfältige Struktur der Angebote. Die entscheidende Frage ist, ob die jeweils benötigte Form der Hilfe tatsächlich angeboten wird und – noch viel schwieriger – für den Betroffenen erreichbar ist. Diejenigen, die Leistungen anbieten, können nicht entscheiden, was für einen Leistungsbezieher „gut" ist. Das müsste vor allem der Betroffene selbst tun oder Menschen in großer Nähe zu ihm.

5. Wandel der gesellschaftlichen Bedingungen

Das Bewusstsein um die Behindertenproblematik hat sich in den letzten Jahren gewandelt. Die Gesellschaft in unserem Land scheint bereit zu sein, sich Menschen mit speziellen Bedürfnissen mehr zu öffnen. Dieser Prozess führte zu Bemühungen, Kinder mit speziellen Bedürfnissen im schulischen Bereich zu integrieren. Ebenso markant sind die Bestimmungen beim Behinderten gerechten Bauen. Was aber Behinderten gerecht ist, muss nicht in allen Fällen von vorneherein klar sein. Meist wird unter Behinderten gerechtem Bauen eine Bauausführung verstanden, die den Bedürfnissen von Rollstuhlfahrern entspricht. Weniger deutlich wird auf andere Formen der Behinderungen eingegangen. Folglich muss für unterschiedliche Gruppen von Menschen mit speziellen Bedürfnissen nicht alles gleich „gerecht", also gleich gut sein.

Als bei Rainman's Home eine neue Tagsstätte errichtet wurde, ließ sich die zuständige Stelle im Magistrat davon überzeugen, dass die Anbringung von optischen und akustischen Notrufeinrichtungen auf den Behinderten-Toiletten in diesem Fall kontraproduktiv wäre, da davon ausgegangen werden musste, dass viele unserer autistischen Menschen zwanghaft versuchen würden, immer wieder diese für sie „verlockenden" Signale in Betrieb zu setzen. Allein die Bereitschaft, auch in diesem Bereich Ausnahmen zu machen und individuelle Lösungen zu akzeptieren und zuzulassen, zeigt von einer sehr entwickelten Sicht der Dinge und verlangt Anerkennung. Ein Hinweis mag vielleicht verdeutlichen, wo in der Praxis derart vielschichtige Probleme auftreten können. An vielen öffentlichen Plätzen und in vielen Einrichtungen haben, Dank der Bereitschaft der Öffentlichkeit sich in die Rolle der Betroffenen zu versetzen, Rollstuhlfahrer zunehmend weniger Probleme. Obwohl auf diesem Gebiet noch lange nicht alle Barrieren aus dem Weg geräumt sind, haben in Folge ungenügender optischer Anzeigen Gehörlose oft noch größere Probleme. Die Problematik der Rollstuhlfahrer ist allerdings für Nichtbehinderte augenscheinlicher und daher leichter nach zu vollziehen. Je deutlicher eine Behinderung auf den „ersten Blick" für die Menschen der Umgebung erkennbar ist, umso eher kann mit Unterstützungsbereitschaft gerechnet werden. Ob diese dann auch in einer den Menschen achtenden Form erfolgt, ist nicht vorher zu sagen. Je schwieriger jedoch die Hilfsbedürftigkeit zu erkennen ist und je weniger die betroffenen Menschen in der Lage sind, etwaige Hilfe zu erbitten, sie anzunehmen und für erhaltene Unterstützung zu danken, umso weniger kann damit gerechnet werden. Das Eingehen auf die Bedürfnisse von Menschen mit psychischen Problemen und Entwicklungsstörungen verlangt nicht nur den guten Willen der Mitmenschen. Die Öffentlichkeitsarbeit und das Verbreiten sachlicher Informationen haben einen großen Stellenwert.

6. Spezielle Aspekte des methodengerechten Umgangs mit autistischen Menschen

Die Notwendigkeit individueller Angebote ist besonders im methodengerechten Umgang mit autistischen Menschen ein wesentliches Qualitätsmerkmal. Autisten sind „pädagogische Anzeiger" von höchster Empfindlichkeit. Sie sind förderbar und betreubar, allerdings steht ihnen nur ein besonders schmaler Weg für ihre persönliche Entwicklung offen. Sobald dieser exakte methodische Pfad verlassen wird, reagieren sie, und das kann natürlich mannigfache Probleme schaffen. Diese Tatsache verlangt von Menschen, die Autisten betreuen oder mit und neben ihnen leben oder arbeiten, besondere Fähigkeiten. Nur wer lernt, sich in die Lage von Autisten zu versetzen und ihre Sicht der Welt – unserer Welt – langsam zu erahnen, kann sich an ihre Seite stellen und so behutsam Schritt für Schritt in einem Klima der Wertschätzung versuchen, immer mehr in jene Welt zu gelangen, für die gilt, was als allgemein anerkannt bezeichnet werden kann. Konkret spricht man in diesem Zusammenhang von der Fähigkeit des Perspektivenwechsels. Mitarbeiter von Einrichtungen, die autistische Menschen nicht nur aufbewahren, sondern sie über Betreuung hinaus auch fördern, müssen besonders qualifiziert sein. Ihre Arbeit muss konzeptgeleitet und durch eine tiefe Verknüpfung von Theorie und Praxis gekennzeichnet sein. Derart qualifiziertes Personal ist schwer zu finden. Organisationen haben daher besondere Anstrengungen zu leisten, um eine entsprechende Mitarbeiterschulung und begleitende Beratung und Unterstützung anzubieten. Das ist natürlich auch eine Kostenfrage. Jene Stellen, die finanzielle Mittel für diesen Bereich bereitstellen, erheben für sich und aus ihrer Sicht auch Qualität. Sind sie jedoch in der Lage, Qualität so differenziert zu sehen, wie das hier nötig wäre? Sollten in der nächsten Zukunft im Behindertenbereich Leistungen „ausgeschrieben" werden, welchen Wert haben dann pädagogische Qualitäten?

Im Gesundheitswesen kennen wir die Bestrebungen und haben diese auch hingenommen oder uns damit abgefunden, dass es verschiedene Klassen – also Qualitäten – gibt. Diese werden nicht nur zugelassen, sondern gezielt immer deutlicher unterschieden. Ähnliche Entwicklungen sind auch für den Behindertenbereich zu erwarten, bzw. zu befürchten. Vereine wie Rainman's Home sind daher in mehrer Hinsicht gefordert. Es muss gelingen zu verdeutlichen, dass es auch in der Behindertenbetreuung und der Führung von speziellen Beschäftigungstherapien unterschiedliche Anforderungen und notwendige Voraussetzungen gibt, für die ein verschieden hoher finanzieller Aufwand erforderlich ist. Weiter sollte es uns gelingen, den Ausbildungsstand der in diesem Bereich Beschäftigten zu heben und zudem müssen wir trachten, eine hohe Motivation der Mitarbeiter nicht ausschließlich über Gehälter, sondern auch durch Schaffung geeigneter Rahmenbedingungen zu erreichen. Das kann nur durch einen höchst effizienten Einsatz der Mittel und einer Kombination von Professionalität, Ehrenamtlichkeit und intrinsischer Motivation geschehen. Die Mittel sind zum überwiegenden Teil von der öffentlichen Hand aufzubringen, aber nicht nur. Eigenbeiträge und Spenden sind zusätzlich nötig. Ob derartige Ansprüche von einem relativ kleinen Verein auf lange Sicht erbracht werden können, ist eine Sorge, die uns bewegt. Die Gefahr in diesem System ist, dass immer mehr Kapazitäten in Verwaltung und Dokumentation fließen.

Daher sind auch hier die Grenzen des Machbaren, bezogen auf unterschiedliche Aspekte, zu beachten. Mittel stehen, wie in fast allen anderen Bereichen auch, nur begrenzt zur Verfügung, ein Mindestmaß kann aber nicht unterschritten werden. Wirtschaftlichkeit, Effizienz, Kundenzufriedenheit, das sind Schlagworte nicht allein des Wirtschaftlebens, vermehrt bekommen sie auch in der Behindertenarbeit Bedeutung. Das klingt ernüchternd, darin können aber auch Chancen liegen. Die einzelnen Organisationen müssen Wege finden und sich Möglichkeiten eröffnen, ihre erbrachten Leistungen deutlich und somit publik zu machen. Auch hier zeigt sich das Dilemma kleiner Organisationen. Während sich große Trägervereine im Nonprofit-Bereich die Hilfe sehr professioneller Firmen leisten, um breit und kostspielig Fundraising zu betreiben, eröffnen sich derartige Möglichkeiten einem Verein wie Rainman's Home nicht. Ein einmal gemachtes Angebot ergab Startkosten von fünfunddreißigtausend Euro für eine professionell angelegte „Spendenaktion". Darauf konnten und wollten wir uns nicht einlassen. Es liegt aber auch an den Betroffenen, deren Eltern und Angehörigen ihre Bedürfnisse, Nöte und Wünsche deutlich zu machen und bei den zuständigen Stellen vorzubringen. Allerdings gilt es auch hier, realistische Ziele zu erstreben. Ohne Visionen und Utopien ist kein Fortschritt zu erzielen. Übertriebene Forderungen münden jedoch in Enttäuschung und Frustration.

7. Überzogene Integrationsforderungen führen zur Isolation

Es gibt Fälle, wo durch überzogene Zielsetzungen und Forderungen „Expertendruck" entsteht. Bereits bei der Definition von Integration treten gravierende Unterschiede auf. Auch Menschen ohne Assistenzbedarf ist es nicht möglich, allzeit und in jeder Situation integrierter Teil der Gesamtbevölkerung zu sein und aller Teilgesellschaften. Warum wäre das bei „Behinderten" zu verlangen? Dass viele „Geschützte Werkstätten" ein Ghetto der Arbeitswelt und nur den halben Weg zur gelungenen Integration (vgl. Stepina / Oswald, 2003) darstellen, wissen fortschrittliche Behindertenorganisationen seit langem. Dass neue Konzepte mit größerer Flexibilität eine Notwendigkeit sind, ist vielen klar. Aber wenn nun die Einschätzung lautet, Einrichtungen der Beschäftigungstherapien würden keine „echte

Integration" ermöglichen und nur die volle Einbindung in den „normalen" Arbeitsprozess wäre das Ziel, ist das nicht mehr Sozialutopie, sondern bewusste Leugnung der Machbarkeit. Manche Aussagen und Forderungen so genannter „Experten" werden zu einem Zerrbild engagierter Behindertenarbeit. Nicht nur, dass viele der formulierten Ziele ohnehin unerreichbar sind, hätten sie das genaue Gegenteil dessen zur Folge, was eigentlich angestrebt werden sollte, nämlich die Isolation in einem bestimmten gesellschaftlichen Gefüge. Schon heute entpuppt sich manches, was unter dem Namen „Integration" läuft, als eine Schwindelpackung. Viele scheiternde und gescheiterte Formen derartiger Bemühungen könnten den Überbegriff erhalten: „Integration durch Isolation"!

8. Integration als mehrstufiges Modell

Das Ziel von Rainman's Home ist eine möglichst weitgehende Integration autistischer Menschen in möglichst vielen Bereichen der menschlichen Gesellschaft und die Teilnahme autistischer Menschen am Leben in der Gemeinschaft, so gut es geht. Durch die gezielte Förderung der individuellen Fähigkeiten soll die persönliche Entwicklung der Betroffenen auf jede mögliche und Ziel führende Weise gefördert werden, um sich so immer mehr Raum für die Teilnahme am gesellschaftlichen Leben zu erschließen. Parallel dazu soll durch Information und Öffentlichkeitsarbeit die Bereitschaft der Gesellschaft gefördert werden, Autisten in ihrem oft so speziellen Sein anzunehmen und sie am öffentlichen Leben teilhaben zu lassen. Das verlangt von beiden Seiten ein Zugehen auf den Anderen. Das macht auch die Wichtigkeit von Therapien deutlich, die den Autisten „Spielregeln", also Normen, der Gesellschaft nahe bringen und sie so in die Lage versetzen, innerhalb dieser Bereiche sein zu können. Vermittelte Informationen sollen auf der anderen Seite die Akzeptanz der Integration erhöhen. Die Position, die ein autistischer Mensch in einer Gesellschaft haben kann, ist von den vielfältigen Bedingungen abhängig, die zu einem bestimmten Zeitpunkt im Leben des einzelnen Menschen gerade wirksam sind, und von den aktuellen gesellschaftlichen Bedingungen. Die Art der Lebensführung eines behinderten Menschen, die erreichbaren Positionen und die zu eröffnenden Räume innerhalb einer Gesellschaft hängen demnach ab von der inneren Konstruktion des Menschen, vom Stand der Entwicklung der Gesellschaft, in der er lebt, und von den Menschen seiner Umgebung. Spezielle Schwerpunkte wie das „Jahr der Behinderten" haben für die Betroffenen und ihre Familien natürlich eine besondere Bedeutung. Das eigentliche Hauptproblem, nämlich die individuelle Behinderung, das Behindert-Sein, können sie nicht aufheben. Die Folge daraus, das Behindert-Werden, können sie allerdings vermindern. Jenen Menschen, die nicht in der Lage sind, ohne Assistenz das eigene Leben zu meistern, kann gerade in Organisationen, wie Rainman's Home sie verkörpert, eine menschenmögliche und menschenwürdige Form des Seins eröffnet werden. Dabei wird hohe Wirtschaftlichkeit, wenn man den finanziellen Input mit dem pädagogischen und menschlichen Output vergleicht, erzielt und höchste Kundenzufriedenheit erreicht. Das alles geschieht bei einem relativ günstigen Einsatz finanzieller Mittel.

Anbieter wie Rainmman's Home zeigen, wie die Förderung und die Integration autistischer Menschen im Anschluss an den Schulbesuch erfolgreich gestaltet werden kann. Die zuständigen Stellen der öffentlichen Hand haben zu entscheiden, ob derartige Modelle weiter forciert werden sollen. Die Betroffenen selbst und vor allem jene, die diesen Mensch Stimme und damit gesellschaftliches Gewicht verleihen, haben ihre Bedürfnisse deutlich zu machen und sich zu engagieren. Von selbst passiert wenig.

Vereine wie Rainman's Home haben weder durch das Jahr der Behinderten noch durch die so genannte „Behindertenmilliarde" direkt Nutzen gezogen, wohl aber indirekt. Utopien kennzeichnen die Arbeit von Rainman's Home nicht, aber Visionen. Gemeinsam – im Wechselspiel zwischen Gebern und Empfängern, zwischen Administratoren und Entwicklern von fortschrittlichen Methoden – können wir noch manches zum „Guten" bewegen. Daher sehen wir auch kein Gegeneinander, sondern ein von einander abhängiges Miteinander im Bemühen, autistischen Menschen neue Chance zu eröffnen. Unser Motto klingt einfach: „Alles was hilft, ist gut!" Es kommt darauf an, die entsprechenden Definitionen vorzunehmen.

10. Resümee

Schwerpunktaktionen wie das Jahr der Behinderten sind sinnvoll. Es werden Prozesse im Denken der Menschen angeregt und Haltungen entwickelt. Wie bei allem gilt es auch im Behindertenbereich das Augenmaß zu wahren und die Grenzen der Machbarkeit zu beachten. Überzogene Forderungen schaden mehr als sie nützen. Betroffene und deren Angehörige dürfen nicht nur warten, dass etwas passiert, sie sind gefordert, selbst tätig zu werden und zumindest Ziele, Vorstellungen und Wünsche deutlich zu machen. Es kann kein Ziel erreicht werden, das nicht zuerst als solches definiert und bekannt gemacht wurde. Wir müssen daher jede Chance dazu in diesem Sinne nützen. Wir brauchen also auch Öffentlichkeit und Bühne, wo wir dies tun können. Darum sind auch Bücher wie das vorliegende so wesentlich.

Anmerkungen

Dietrich Benner: Allgemeine Pädagogik. Eine systematisch-problemgeschichtliche Einführung in die Grundstruktur pädagogischen Denkens und Handelns. Weinheim-München, Juventa, 1987.

Anton Diestelberger / Therese Zöttl: Autismus – Struktur und Genese. Kriterien zur Beurteilung der Arbeit mit Autisten. Wien (Diplomarbeit), 1999.

Anton Diestelberger / Therese Zöttl: Autismus. Strukturiertes Lehren und Lernen. Wien, Rainman's Home, 2005.

Rudolf Forster / Volker Schönwiese (Hg.): Behindertenalltag – wie man behindert wird. Wien-München, Jugend & Volk, 1982.

Johann Friedrich Herbart: Kleinere pädagogische Schriften. Walter Asmus (Hg.), Stuttgart, Klett-Cotta, 1982.

George Edward Moore: Principia Ethica. Stuttgart, Philipp Reclam, 1970.

Brigitte A. Rollett / Ursula Kastner-Koller: Praxisbuch Autismus. Ein Leitfaden für Eltern, Erzieher, Lehrer und Therapeuten. München-Jena, Urban & Fischer, 2001.

Clemens K. Stepina / Marcus J. Oswald: Motivation Handicap. Zum EU Jahr der Menschen mit Behinderungen. In: Volksstimme, 20. Juni 2003, 12 f.

Clemens K. Stepina
Integration Österreich[1]
Lobbying für Menschen mit Behinderung

Die Geschichte der sozialpolitischen Wahrnehmung von Menschen mit Behinderung ist nicht alt und lässt sich auf europäischer Ebene auf das Jahr 1981 datieren. In diesem Jahr wurde erstmals ein *UNO-Jahr der Behinderten* ausgerufen. Das *UN*-Motto lautete: „Volle Mitwirkung und Gleichberechtigung“. Der damalige Forderungskatalog des Weltaktionsprogramms kündigte tiefe soziale und politische Neuerungen an. In Österreich wurde er in einem einzigen Punkt vollständig umgesetzt: Die Bundeshauptstadt errichtete mehrere behindertengerechte Telefonzellen. Heuer „feiert“ die EU 2003 abermals das Jahr der Menschen mit Behinderung. Jetzt, wo dieses Jahr zu Ende geht, fragt man sich, was in Österreich – im neunt reichsten Land der Erde, in dem 800 000 Menschen mit Handicap leben – wirklich für die Behinderten getan wird und was leere Sonntagsrede blieb.

Glaubhaft erscheinen die bevorstehenden Aufhebungen archetektonischer Missstände, zumindest wurden diese in Aussendungen der Parteisekretariate und Planstellen der Ministerien bemängelt. Vor allem Defizite im öffentlichen Verkehrs- und Mobiltitätsnetz sollen neben bisher fehlenden behindertengerechten Strukturen in öffentlichen Gebäuden (Rampen, Lifte etc.) bis einschließlich 2008 behoben werden: Hier gilt es vor allem auf die immer noch fehlenden Stationslifte bei ÖBB und Schnell-Bahn, auf unzureichende Niederflurstraßenbahnen in Städten sowie auf ungenügende Autobusse mit Flurhydraulik aufmerksam zu machen.

Neben diesen baulichen Korrekturen erwartet man sich aber vergeblich tiefgreifende arbeitspolitische Programme und Bildungsoffensiven. Zwar wurde schon 1997 im Nationalrat die Ergänzung zum Artikel 7B der Österreichischen Bundesverfassung formuliert: „Niemand darf wegen seiner Behinderung benachteiligt werden. Die Republik (Bund, Länder, Gemeinden) bekennt sich dazu, die Gleichbehandlung von behinderten und nichtbehinderten Menschen in allen Bereichen des täglichen Lebens zu gewährleisten.“ Freilich steht aber ein „Gleichstellungsgesetz“ noch aus, das von unterschiedlichen Fortschrittsbewegungen innerhalb der Behindertenvereine eingemahnt wird. Denn eine Gleichstel-

[1] Der Artikel wurde 2003, also lange vor der Schließung der I:Ö geschrieben. Zu den näheren Umständen vgl.: Petra Pinetz, Patricia Hladschik, Barbara Oberndorfer, Irene Gebhardt, Ende von Integration:Österreich – Ende vieler Integrationsbemühungen?,http://www.behindertenarbeit.at/TCgi/bha/TCgi.cgi?target=home&p_kat=1&ID-_News=699, 02.12.2006, Aufruf vom 28. I. 2007, letzter Absatz: „Im Mai 2006 musste I:Ö nun Insolvenz anmelden. Die Elterninitiative I:Ö erhielt – im Unterschied zu einigen anderen Vereinen – zu keinem Zeitpunkt seines Bestehens irgendeine Art von Basisförderung für die Vertretung der Interessen von Eltern behinderter Kinder und Jugendlicher. Wer nun diese Vielfalt an Agenden übernimmt, kann nicht beantwortet werden. Wer nun die Anliegen von Eltern behinderter Kinder und Jugendlicher auf bundesweiter Ebene vertritt, ist ebenso unbeantwortet. Ob die Insolvenz von I:Ö das Ende vieler Integrations-/Inklusionsbemühungen darstellt, bleibt derzeit auch unbeantwortet. Aber eines ist bereits jetzt gewiss: Integration:Österreich als Interessenvertretung für Eltern von Kindern und Jugendlichen mit Behinderung sowie als Motor für gesellschaftspolitische Weiterentwicklung wird wahrlich fehlen.“

lung bleibt de facto einem Menschen mit Handicap schon als Kind verwehrt: Es gibt bis heute für den Schulbesuch behinderter Kinder nach dem achten Pflichtschuljahr keine gesetzliche Grundlage. Das bedeutet für die Mehrzahl dieser Kinder, dass sie für das spätere Arbeitsleben keinen regulären Schulabschluss vorweisen können. Damit wird ihnen *de facto* eine erfolgreiche Zukunft verbaut. Ähnlich trostlos verhält es sich bei den staatlichen Bildungs- und Schulungsangebote. Trotz mancher Erweiterung des beruflichen Angebots beschränken sich Kurse oft auf nachschulische Fördermaßnahmen und traditionelle Tätigkeitsfelder der Behindertenarbeit. Die sogenannten „Geschützten Werkstätten" sind Ghettos der Arbeitswelt und nur der halbe Weg zu einer gelungenen „Integration". Wenn Behinderte dort unter Pflegeraufsicht Körbe flechten, Kalender basteln, Kehrwerkzeuge herstellen (Bürsten, Besen) oder kleine Tischlerarbeiten und Handlangerdienste verrichten, ist zu fragen, ob nicht diese Arbeiten nicht mehr Image-Schaden bereiten als Integration anbieten.

Im Wesentlichen kann sich ein Mensch mit Handicap von staatlicher Seite nur wenig Hilfe und Förderung erwarten. Daher sind es oft die betroffenen Eltern selbst, die Behindertenvereine gründen, über die staatliche Förderungen (mit enormen bürokratischen Hürden, aber doch) rekrutiert werden können. Fachtechnisch nennt man das im erweiterten Sinn „Peer Councelling". Und hier hat sich dann doch seit 1981, als zum ersten Mal in Europa das Jahr der Behinderten ausgerufen wurde, etwas verändert: Diese Menschen haben sich durch ihr *eigenes* Engagement Subventions-, mediale Meinungs-, und Arbeitsnischen erkämpft. Alle sind selbstbewusster und kämpferischer geworden. „Menschen mit Handicap" sehen sich nicht mehr als Almosenempfänger, sondern fordern Gleichheit. Kein Mitleid, sondern den Pfand für verfassungsmäßig verbrieftes Recht.

Stellvertretend für viele Vereine muss das Haus *Integration:Österreich (I:Ö)* hervorgehoben werden. Hinter *I:Ö* im Wiener 15. Gemeindebezirk (Tannhäuserplatz 2) steht ein Ensemble an fruchtbaren Initiativen: *K 21*, *Integrativer Journalismuslehrgang (I:JL)*, *Sensi_Pool*, *Bilddatenbank Neue Bilder, Buch der Begriffe*. Die geschäftsführende Vorsitzende von *I:Ö*, Maria Brandl, ist Mutter eines Sohnes, der – wie sie es im Interview mit dem Autor formuliert – „von der Gesellschaft als behindert betrachtet wird". Als direkte Reaktion auf das Unverständnis der Umgebung hat Maria Brandl 1993 mit anderen Menschen aus der fortschrittlichen Behindertenbewegung die *Integration:Österreich* gegründet. Ziel: Gemeinsames Leben und Lernen von behinderten und nichtbehinderten Menschen zu fördern. Sie betreibt „weiterführende Integration", da „Integrationsförderung" nicht abrupt mit dem Lehr- oder Schulabschluss endet. Wichtig ist ihr organisationenübergreifende Zusammenarbeit unter Einbindung des Expertenwissens der Angehörigen und der betroffenen Jugendlichen.

Die oben angeführten Initiativen, an die sich sowohl Behindertenvereine im Sinne der Kooperation und Vernetzung wie Menschen mit Handicap wenden können, sollen hier kurz – und auf Grundlage erfolgter Interviews mit Auskunftspersonen – beschrieben werden.

Petra Plicka betreut und managt im Rahmen von *k21* – Kürzel für *die (Sensibilisierungs-) Kampagne des 21. Jahrhunderts* in bezug auf Menschen mit Behinderung – die Koordination von spezifischen Projekten und Förderungen. Anlässlich des Behindertenjahrs 2003 wurden und sollen weiterhin Österreichweit Vereine und Verbände mobilisiert werden, um Kräfte und Ressourcen aus der Privatwirtschaft wie aus staatlichen Behörden zu fokussieren, um für die Behindertenproblematik mehr zu erreichen. Dies reicht von konkreten Arbeitsvermittlungen durch Kontakterschließung im Rahmen des Infopools bis hin zu einer nationalen Vernetzung von Wirtschaftskammer und Sozialpartner.

Beate Firlinger koordiniert und betreut seit Oktober 2001 einen *Integrativen Journalismus-Lehrgang* zur beruflichen Qualifizierung von Menschen mit Behinderung im Bereich Journalismus. Dieses Projekt hat zum Ziel, dass Menschen mit Behinderung über und für ‚Behinderte' in den Medien berichten und somit, wie sie sagt, „zur Schaffung eines neuen Bildes von ‚Behinderten' in den Medien" führt. Dr. Hans Hirnsperger, Facharzt für Neurologie (Oberarzt für medizinische Psychologie), der diesen Kurs als Rollstuhlfahrer positiv abgeschlossen hat, arbeitet schon an dieser Umsetzung als Mitarbeiter des Projekts *Sensi_Pool – Die Medieninitiative.* *Sensi_Pool* entwickelt, so Hirnsperger im Interview, „Ideen, Plots und Stories" im Rahmen der ‚Behindertenproblematik'; mit konzentriertem Blick auf die Neuen Medien."

Das Motto der Medieninitiative lautet „barrierefrei leben" und ist nicht nur für Herrn Hirnsperger ein großes Anliegen und ein hoch gestecktes, aber erfüllbares Arbeitsziel; denn schließlich wurden für diese Sensibilisierung auch die Projekte *Neue Bilder* und *Buch der Begriffe* geschaffen: Mit dem *Buch der Begriffe* entsteht ein Lexikon zum Sprachgebrauch im Bereich Behinderung und Integration, welches, so Michaela Braunreiter, eine Lücke in der diesbezüglichen Literatur schließt. Karin Martiny, eine Mitarbeiterin, versucht dieses Anliegen auf der visuellen Ebene zu begleiten, indem sie eine Bilddatenbank anlegt und aufbaut, die das Bild, das man von Menschen mit Behinderung hat, in ein anderes – kritisch selbstreflexives – Licht setzen soll: „Oft sind es die sogenannten ‚Nicht-Behinderten' selbst, die durch ihre Vorstellungen, wie denn ‚Behinderte' seien, diese Menschen unbewusst bildhaft stigmatisieren." Dem soll also durch die Datenbank *Neue Bilder* – bisher sind es 180 an der Zahl – entgegengewirkt werden (www.neuebilder.at).

Auf sozial- und arbeitspolitischer wie medialer Ebene wird in diesen verschiedenen Projekten darauf hingearbeitet, dass das Recht auf Gleichberechtigung für Menschen mit Handicap *de facto* vollzogen wird. *Integration:Österreich* ist es trotz beschränkter Subventionsmittel von staatlichen Stellen und Behörden gelungen, soziale und politische Missstände aufzudecken und kraftvoll zu verändern. Damit hat die *I:Ö* neben anderen Behindertenvereinen dafür gesorgt, dass Menschen mit Handicap nicht mehr als „sozialer Ballast" gelten, sondern, vor allem in Städten und Ballungsräumen, als geschlossene Vorreiter und Avantgarde der Demokratie und Zivilgesellschaft, die unteilbare Prinzipien der Solidarität, Gleichheit und Freiheit fordern. In den Arbeitsräumen der *I:Ö* wird für eine unbehinderte ‚Behinderten'zukunft und damit für ein Stück mehr an Basisdemokratie in Österreich gearbeitet. Schade nur, dass staatliche und europäische Politik diesem selbstbestimmten Niveau von kleinen, aber effizienten Vereinen nachhinkt und spezifische Innovationen – ja selbst zum Behindertenjahr 2003 – nicht aus sich selbst heraus schafft, sondern erst über Menschen mit Handicap und ihren Vertretern erfahren wie erlernen muss.

Clemens K. Stepina, Ursula Panzer-Twerdy
Journalismus gegen den Strom: Marginalien zum Integrativen Journalismus-Lehrgang in Wien

Heuer wurde das „EU-Jahr der Menschen mit Behinderung" begangen.[1] Arbeitspolitische Programme und Bildungsoffensiven zur Förderung der „disabled people" (so die internationale Bezeichnung) wurden auch in Österreich gestartet. Die bedeutendste Medieninitiative, die schon 2002 gestartet wurde, stellt dabei der *Integrative Journalismus-Lehrgang (IJL)* dar, in dem Menschen mit Handicaps zu Journalisten ausgebildet werden.

Der *IJL*, der in Kooperation mit der Berufsausbildung des ORF und dem Kuratorium für Journalistenausbildung ins Leben gerufen wurde, hat die verstärkte Medienintegration von Menschen mit Behinderung zum Ziel. Dieser Kurs, der bis dato nur in Wien abgehalten wird, wird vom Bundessozialamt Wien, Niederösterreich und Burgenland aus Mitteln der „Behindertenmilliarde" gefördert. Vorbild für die Zielsetzung der verstärkten Integration von Menschen mit Behinderung in die Medienlandschaft war BBC mit seinem Projekt aus dem Jahr 1993.

Als erster Projektleiter in Wien fungierte Dr. Franz-Joseph Huainigg, der seit kurzem ein Nationalratsmandat inne hat und somit sein Amt im Hause *Integration:Österreich* ruhen lassen muss. Beate Firlinger, seine Mitarbeiterin, koordiniert und betreut seitdem nicht nur diesen Lehrgang zur beruflichen Qualifizierung von Menschen mit Behinderung im Bereich Journalismus, sondern steht ihm auch vor. Mag. Michaela Braunreiter, die nebenbei am Projekt *Buch der Begriffe* (Beate Firlinger (Hg.), Buch der Begriffe: Sprache, Behinderung, Wien 2003.) arbeitet (Lexikon-Projekt zum Sprachgebrauch im Bereich Behinderung und Integration), fungiert weiterhin als Mitarbeiterin.

Der Lehrgang umfasst zwölf Ausbildungseinheiten, in denen schrittweise der facettenreiche Beruf des Journalisten gelehrt wird. Schwerpunkte der Ausbildung sind laut Pressemappe: „Recherche", „Journalistisches Schreiben/Nachrichten", „Reportage – Praxisfeld Printjournalismus". Während der Ausbildung muss von den KursteilnehmerInnen ein Praktikum absolviert werden und weiters werden innerhalb der Kurszeit Exkursionen zu verschiedenen Produktionsstätten unterschiedlicher Massenmedien durchgeführt. Abgeschlossen wird der IJL mit einer kommissionellen Prüfung. Das Pilotprojekt endete im November 2002.

Ambivalente Erfahrungen

Soweit zu den technischen und organisatorischen Daten des *Integrativen Journalismus-Lehrgangs*. Was verbirgt sich aber hinter diesen ‚objektiven' Daten an menschlichen Erfahrungen, an Erfolg und Scheitern, wie sie eben im Kurs 2002 erlebt wurden?

---

[1] Das Papier wurde Ende 2003 geschrieben. Panzer-Twerdy hat die Interviews mit Hirnsperger und Thiel für den Artikel eingebracht.

Zwei völlig konträre Erfahrungen zum Kurs schildern Hans Hirnsperger und Rolf Thiel. Der bisherige berufliche Werdegang der beiden Rollstuhlfahrer liest sich wie folgt: Dr. Hirnsperger studierte Medizin und ist heute Lektor am Institut für Medizinische Psychologie. Rolf Thiel arbeitet als Schauspieler und Songwriter, daneben hat er eine NLP-Ausbildung absolviert und stellt Features für *Freak-Radio* und *Ö1* her.

Rolf Thiel, der als langjähriger Dialysepatient fast vollständig erblindet ist und unter schwerer Osteoporose leidet, sah diesen Kurs als Angebot, um seine journalistischen Fähigkeiten weiterentwickeln und professionalisieren zu können. Den IJL aber bewertet er negativ, weil es aus seiner Perspektive Mängel bei der Organisation und Rigidität der Lehrgangsleitung festzustellen gibt: Da sich während der Ausbildung seine Erkrankung weiter verschlechterte, überschritt er beinahe das Ausmaß an Fehlstunden und es wurde – so erzählt er – Druck auf ihn ausgeübt, vermehrt an den Übungsstunden teilzunehmen. Eine weitere zentrale Kritik schließt er hier an: Da er sich durch seine Erblindung für die kommissionelle Abschlussprüfung nicht auf der Basis von Skripten vorbereiten konnte, wurden Lernkassetten fabriziert, die ihm aber – so Thiel – erst sehr spät übermittelt wurden, weshalb es ihm auch nicht gelungen sei, den Kurs positiv zu absolvieren.

Ein dazu völlig konträres Bild vermittelt Hans Hirnsperger, der den Kurs problemlos absolviert hat und nun das Medienprojekt *Sensi-Pool* in Kooperation mit dem *Ö 1* leitet: Die mehr oder weniger durchgängige Anwesenheitspflicht beim Kurs wäre von Beginn an transparent gemacht worden, und die Hilfs- und Lehrmittel zur Bewältigung der gestaffelten Lehreinheiten wären nach seiner Auskunft adäquat zur Verfügung gestellt worden. Diese seine Meinung über den IJL ist wohl ein Teil seiner allgemeinen Lebensphilosophie und Einstellung zur Behinderung: Hirnsperger geht im Interview nicht von einem vorwiegend karitativen System im Behindertensektor aus, sondern von einem emanzipatorischen. Die Behindertenorganisationen – so ferner auch der Journalismuslehrgang – wären nicht verpflichtet, die Menschen mit Behinderung zu versorgen, sondern sollten vielmehr die Rahmenbedingungen zur Selbstverwirklichung der Menschen mit Behinderung schaffen. Eine wichtige Rahmenbedingung stellt nach Hirnsperger die praktische Umsetzung der Ausbildung im Projekt *SENSI_POOL* dar. Ziel des *SENSI_POOL* Projekts ist es, die bahnbrechenden Entwicklungen im Bereich der Informations- und Kommunikationstechnologien für Menschen mit Behinderung im beruflichen wie privaten Sinne nütz- und anschließbar zu machen. Daneben wurde eine erste Kooperation mit dem ORF für das Medium Radio eingegangen: In Zusammenarbeit mit den Ö1-Redaktionen wurde das Ö1-Projekt „Ohne Barrieren. Neue Wege für Menschen mit Behinderung“ entwickelt und vorgestellt.

Korrekturen und Ermutigungen

Wie nahe Dilemma und Chance dieses Kurses beieinander liegen, wurde in diesem Artikel durch die subjektive Meinung zweier Teilnehmer transparent gemacht. Nun liegt es bei der Organisation des *Integrativen Journalismus-Lehrgangs*, aus den ambivalenten Erfahrungen und Sichtweisen ihrer TeilnehmerInnen Korrekturen und Ermutigungen für die Weiterentwicklung und die Zukunft des Projekts zu destillieren.

III. Blick auf die Kritik

Clemens K. Stepina, Marcus J. Oswald
Motivation Handicap: Zum EU Jahr der Menschen mit Behinderungen[1]

Es ist unsere Auffassung, dass viele Veranstaltungen und Darstellungen zum Jahr der behinderten Menschen (1981, Anm. der Autoren) das ‚falsche Bewusstsein' über Behinderte nicht nur nicht vermindert, sondern verfestigt und ungebrochen weiterentwickelt haben. Allzu deutlich hat auch dieses Jahr gezeigt, wie wenig in der öffentlichen Diskussion die Perspektiven und Bedürfnisse der Betroffenen und ihrer Angehörigen im Mittelpunkt stehen. Die Kluft zwischen der Definitionsmacht der Experten, institutionellen Interessen und Zwängen sowie sozialpolitischen Legitimationsbedürfnissen auf der einen Seite und den Lebensansprüchen der Behinderten auf der anderen Seite blieb deutlich bestehen. (Rudolf Forster, Volker Schönwiese (Hg.): BEHINDERTEN-ALLTAG – wie man behindert wird. Wien-München, 1982: 1)

Frau Eva W., 35 Jahre alt, wohnt in einer Behindertenwohnung im Nordosten Wiens. Breite Zimmertüren, Lichtschalter in Sitzhöhe, kleine Terrasse im ersten Stock. Sie wohnt zusammen mit ihrem 18-jährigen Sohn. Seit einem Autounfall ist sie querschnittgelähmt und fährt im Rollstuhl. 36 Mal lag sie seit dem Unglück im Krankenhaus. Anfangs konnte sie noch gehen, dann gaben die Beine auf. Ihr Mann suchte sich nach dem Unfall eine Andere und das Weite. „Mit an Krüppel kann i net leben", soll er beim Abschied gesagt haben. Im Haus zahlt Eva W. die Waschmaschine mit, obwohl sie dort selbständig nicht hinkommt. Ihr Postkasten befindet sich im Stiegenhaus eineinhalb Etagen unter ihrer Wohnung. Der Lift fährt nur bis zum Hochparterre, sodass sich Frau W. 300 Meter durch die Tiefgarage arbeiten muss, um von der Straßenseite zu ihrem Postkasten zu kommen. Es kam vor, dass Frau W. aus dem Rollstuhl kippte, weil die Steigung der Fahrspur nur für Autos gedacht ist.

Beim Briefkasten kommt sie aus dem Sitzen nicht in ihr Fach, das ganz oben befestigt ist. In der gesamten Wohnhausanlage sind die betonierten Rampen so steil, dass man ohne Anschub nicht bergauf kommt. Nebenbei: Die Lifttür des Hauses ist eine Schwing- und keine Schiebetür. Ohne fremde Hilfe geht also gar nichts. Diese Geschichte berichtete das Nachrichtenmagazin *Profil* am 8. März 1982. Seither hat sich wenig verändert.

Schon 1981

Schon 1981 – ein Jahr vor dem privaten Schicksalsschlag der Eva W., der exemplarisch für Menschen mit Behinderung durch Arbeits- oder Verkehrsunfall steht – wurde ein *UNO-Jahr der Behinderten* gefeiert. Das *UN*-Motto lautete: „Volle Mitwirkung und Gleichberechtigung". Der damalige Forderungskatalog des Weltaktionsprogramms kündigte tiefe soziale und politische Neuerungen an. In Österreich wurde er in einem einzigen Punkt vollständig umgesetzt: Die Bundeshauptstadt errichtete mehrere behindertengerechte Telefonzellen.

Weltweit gibt es 386 Millionen Menschen mit Handicaps, in Euroland 37 Millionen, in

---

1 Erstabdruck in: Volksstimme 20. Juni 2003: 12 f.

Österreich 800.000. Glaubt man im Jahr 2003 den bisherigen Aussendungen der Parteisekretariate und wohlmeinenden Planstellen der Ministerien, die fast täglich über die *Austria Presse Agentur* an die Öffentlichkeit laufen, sollen alle Missstände im Jubeljahr zur Gänze gelöst werden. Da wären: Beseitigung der Defizite im öffentlichen Verkehrs- und Mobilitätsnetz (fehlende Stationslifte bei ÖBB und Schnell-Bahn, unzureichende Niederflurstraßenbahnen in Städten, ungenügende Autobusse mit Flurhydraulik). Ferner: Lösung substantieller Mängel bei öffentlichen Bauten (Behörden, Schulen, Universitäten) und halböffentlichen Gebäuden (Banken, Restaurants, Kinos) betreffend Rampen, falschgeleitete Schwing- oder Dreh-, statt Schiebetüren, Liftstrukturen und Behinderten-WCs. Nicht zu vergessen die Einhaltung der – Stichwort *ÖNORM B 1600* und *1601* – „Behindertennormen" bezüglich „maximaler Gehsteighöhe" und „taktiler Leitlinien auf Fußwegen". Neben diesen baulichen Korrekturen starten heuer arbeitspolitische Programme und Bildungsoffensiven. Glaubt man den Sonntagsreden, wird heuer sehr viel geschehen.

Zugleich gibt es in der Hoheitsverwaltung selbst weiße Flecken, die sozioökonomisch inakzeptabel sind: So ist zu bezweifeln, ob Eva W., heute 55 Jahre, von der 1981 geforderten Einstellungspflicht von Behinderten im öffentlichen Dienst jemals profitiert hätte. Noch voriges Jahr fehlten allein in der Bundeshauptstadt 998 (!) Behinderte im Sold des Magistrats, um die Quoten zu erfüllen. Bekannt ist, wie das sozialdemokratische Wien – mit dem Slogan „Wien ist anders" auf seinen Zufahrtsstraßen – vorgeht, um diese Forderung zu einzulösen: Gleich, wie Privatfirmen, die die Quote umgehen. Die Stadt zahlte 2002 eine Pönale von zwei Millionen Euro, um Menschen mit Behinderung nicht anstellen zu müssen (für diejenigen unter uns, die immer noch in Schillingen denken: Dies ergibt stolze 27, 52 Millionen Schilling *Jahres*strafe!). Die Länder agieren nicht anders: Der niederösterreichische Landeshauptmann Erwin Pröll, der das blau-gelbe Bundesland gerne als „Insel der Menschlichkeit" apostrophiert, verabsäumt es, 430 Stellen im Landesdienst für „Menschen mit Handicap" bereitzustellen. Und zahlt dafür eine Pönale von 1 Million Euro (oder: 13, 76 Millionen Schilling jährlich Bußgeld).

Kinder mit Behinderung

Es mag zynisch klingen, ist aber nicht zynischer, als die Realität, in der sich Menschen mit Behinderung wiederfinden: Eva W. hat einen Sohn, der *nicht* behindert ist. Soweit das von einem Menschen, der ein behindertes Familienmitglied begleitet und betreut, gesagt werden kann, hat sich der heute 40 jährige Mann im Berufsleben etabliert. Mit ihrem gesunden Kind hatte Frau Eva W. unwahrscheinliches Glück. Denn die (vor-)schulische „Integration" – 1981 von Politikern noch tollkühn als leicht zu hebende Marginalie bezeichnet – ist praktisch bis heute ein weithin ungelöstes Problem. Die Aufnahme von Kindern mit Handicap in Kindergruppen und Kindergärten in Wien ist unbefriedigend geblieben; bereits vorhandene „Spezialkindergärten" platzen aus allen Nähten.

Zudem: In einem Interview mit Maria Brandl erfuhren die Autoren, dass es bis heute für den Schulbesuch behinderter Kinder nach dem achten Pflichtschuljahr keine gesetzliche Grundlage gibt. Das bedeutet für die Mehrzahl dieser Kinder, dass sie für das spätere Arbeitsleben keinen regulären Schulabschluss vorweisen können. Damit wird ihnen *de facto* eine erfolgreiche Zukunft verbaut.

Reges Vereinsleben

Oft sind es betroffene Eltern von betroffenen Kindern, die Behindertenvereine gründen. Fachtechnisch nennt man das im erweiterten Sinn „Peer Councelling". Selbsthilfe wird Groß geschrieben. Die Nähe zum Thema im eigenen Heim macht aktiv. Stellvertretend für viele Vereine kann man das Haus *Integration:Österreich (I:Ö)* hervorheben. Hinter *I:Ö* im Wiener 15. Bezirk verbergen sich ein Ensemble an fruchtbaren Initiativen: *K 21*, *Integrativer Journalismuslehrgang (I:JL)*, *Sensi_Pool*, *Bilddatenbank Neue Bilder*, *Buch der Begriffe* (Näheres zu diesen Projekten und zu *I:Ö* siehe die anderen Artikel von Stepina in diesem Band). Die geschäftsführende Vorsitzende von *I:Ö*, Maria Brandl, ist Mutter eines Sohnes, der – wie sie es formuliert – „von der Gesellschaft als behindert betrachtet wird". Als direkte Reaktion auf das Unverständnis der Umgebung hat Maria Brandl 1993 mit anderen Menschen aus der fortschrittlichen Behindertenbewegung die *Integration:Österreich* gegründet. Ziel: Gemeinsames Leben und Lernen von behinderten und nichtbehinderten Menschen zu fördern. Sie betreibt „weiterführende Integration", da „Integrationsförderung" nicht abrupt mit dem Lehr- oder Schulabschluss endet. Wichtig ist ihr organisationenübergreifende Zusammenarbeit unter Einbindung des Expertenwissens der Angehörigen und der betroffenen Jugendlichen.

Das liegt im Trend der modernen Behindertenbewegung. Und hier hat sich dann doch seit 1981 etwas verändert: Diese Menschen haben sich durch ihr *eigenes* Engagement Subventions-, mediale Meinungs-, und Arbeitsnischen erkämpft. Egal, ob „bewegungsbehindert" (Geh-, Steh-, Greifbehinderungen), „wahrnehmungsbehindert" (Blindheit, sehbehindert, gehörlos, hörbehindert) oder „sprachbehindert" (geistige oder psychische Behinderungen). Alle sind selbstbewusster und kämpferischer geworden. „Menschen mit Handicap" sehen sich nicht mehr als Almosenempfänger, sondern fordern Gleichheit. Kein Mitleid, sondern den Pfand für verfassungsmäßig verbrieftes Recht.

Und Verfassungsrecht

Und Verfassungsrecht steht mittlerweile geschrieben. 1997 wurde im Nationalrat die Ergänzung zum Artikel 7B der Österreichischen Bundesverfassung formuliert: „Niemand darf wegen seiner Behinderung benachteiligt werden. Die Republik (Bund, Länder, Gemeinden) bekennt sich dazu, die Gleichbehandlung von behinderten und nichtbehinderten Menschen in allen Bereichen des täglichen Lebens zu gewährleisten." Freilich steht ein „Gleichstellungsgesetz" noch aus, das von unterschiedlichen Fortschrittsbewegungen eingemahnt wird. In der Schweiz ist ein solches in mehreren Entwürfen laut *Neue Zürcher Zeitung* seit 2000 im hiesigen Bundesrat in Diskussion.

1997 war auf EU-Ebene das Jahr der großen Entschließungen. Artikel 13 EG-Vertrag befasste sich mit „Antidiskriminierungsbestimmungen", Artikel 95 des EG Vertrages mit „bedürfnisorientierter Ausarbeitung von Maßnahmen", Artikel 135 des EG Vertrages übertrug dem Rat Kompetenzen zur „Bekämpfung von sozialer Ausgrenzung". 2001 veröffentlichte *die International Labour Organisation (ILO)*, die seit 1919 besteht und seit 1946 die erste selbsttätige Organisation der *Vereinten Nationen* ist, einen „Code of practice on managing disability in the workplace" (Leitfaden zum Management von Behinderung am Arbeitsplatz). Dieser Leitfaden basiert im Wesentlichen auf der *ILO*-Konvention Nr. 159 aus dem Jahr 1983, die am 20.Juni 1985 in Kraft trat und „Die berufliche Rehabilitation und die Beschäftigung der Behinderten“ zum Thema hat.

Doch auch das österreichische *Bundesministerium für Soziales und Generationen (BMfSG)* blieb nicht untätig. Nahm sich das 1992, im Kabinett Vranitzky III a unter dem damaligen Sozialminister Josef „Jolly“ Hesoun, publizierte „Behindertenkonzept der österreichischen Bundesregierung“ mit gerade mal 75 groß bedruckten DIN A5-Seiten eher bescheiden aus, drückten Folgeregierungen auf die Tube. 1995 veröffentlichte das Sozialministerium einen Behinderten-Bericht zu „Kindheit und Schule“, 1997 einen zu „Beruf und Arbeit“, 1999 einen zu „Freizeit und Mobilität“. Erst dieser Tage passierte der erste Gesamtbericht den Ministerrat („Bericht über die Lage der behinderten Menschen in Österreich“, 14.03.2003). Er liegt den Autoren vor und spiegelt erstmals auf 240 DIN A4-Seiten einen breiteren Überblick. Die ministrable Website www. gleichanders.at wurde freigeschalten.

Demokratievorreiter

Menschen mit Behinderung und ihre VertreterInnen haben zumindest einen Imagewandel geschafft. Wenn man so will: Ein *cultural turn*. Sie gelten nicht mehr als „sozialer Ballast“, sondern, vor allem in Städten und Ballungsräumen, als geschlossene Vorreiter und Avantgarde der Demokratie und Zivilgesellschaft, die unteilbare Prinzipien der Solidarität, Gleichheit und Freiheit fordern. Wenngleich diese Speerspitzenfunktion mitunter skurrile Blüten treibt. So schrieb das weltbekannte US-Magazin *Wired*, das sich in der Hauptsache mit Computerinnovation beschäftigt, vom Cyberguru Nicolas Negroponte gegründet wurde und seit zehn Jahren am Markt ist, in der August-Ausgabe 2001, dass gehandicapte Menschen wichtig für Fortschritte in der Orthopädietechnik seien. Ohne Behinderte würde dieser Wirtschaftszweig keine Innovationen hervorbringen.

Von diesen Ausreißern abgesehen, besteht in den Medien immer mehr Interesse an konstruktiver Auseinandersetzung mit Behindertenfragen. Damit ist aber noch lange nicht gesagt, dass Lobbying für Behinderte auch zum praktischen Erfolg führt. Im Gegenteil: Es hat sich auf der sozioökonomischen Ebene noch viel zu wenig verändert. Markiges Beispiel: Die ehemalige Vorsitzende der *Österreichischen Journalistengewerkschaft*, Astrid Zimmermann, sagte einem Teilnehmer im *Integrativen Journalismuslehrgang* in einer Zigaretten-Pause ungeschönt aufs Gesicht zu: „Machen Sie sich aber keine Hoffnungen auf einen Arbeitsplatz. Es gibt derzeit viele nichtbehinderte Journalisten, die arbeitslos sind.“

Diffuser Jobmarkt

Der Arbeitsmarkt bleibt also schwierig. Das wissen fortschrittliche Behindertenvereine seit langem, die gegen Windmühlen anrennen. Gesellschaftskritische Soziologen und Pädagogen sind einig: Vor allem die staatlichen Bildungs- und Schulungsangebote versagen. Trotz mancher Erweiterung des beruflichen Angebots beschränken sich Kurse oft auf nachschulische Fördermaßnahmen und traditionelle Tätigkeitsfelder der Behindertenarbeit. Die so genannten „Geschützten Werkstätten“ sind Ghettos der Arbeitswelt und nur der halbe

Weg zu gelungener „Integration". Wenn Behinderte dort unter Pflegeraufsicht Körbe flechten, Kalender basteln, Kehrwerkzeuge herstellen (Bürsten, Besen) oder kleine Tischlerarbeiten und Handlangerdienste verrichten, ist zu fragen, gegen welche *ILO-Konvention* diese Art der Arbeit eigentlich verstößt.

Problematisch bleiben Fortbildungskurse für „Frauen mit Behinderung". Naiv, wer glaubt, dass die Behindertengemeinschaft vor der Geschlechterfrage gänzlich gefeit sei. Frauen werden oft nur „Sekundärberufe" geboten. „Sekundärberufe" sind Jobs, die anhand der spezifischen Behinderung nicht primär, sondern nur im nachgeordneten Dienst und unterqualifiziert versehen werden können. Am ersten, „unbehinderten" Arbeitsmarkt sind dafür kaum Stellen vorhanden. Beispiel: Die hörbehinderte Sekretärin wird trotz Qualifikation als Bürokauffrau zu Aufgaben wie Kopier- und Aktentransportdienste verpflichtet. Diese Aufgaben entsprechen jedoch nicht ihrem beruflichen Können (Bildschirmarbeit).

Kabarettreif

Kabarettreif ist so manches Medienspektakel. Betriebsblindheit schlägt oft seltsame Wurzeln und gäbe Stoff und Plot für eine Comedy-Serie wie *Monty Pythons Flying Circus:* Das Frontblatt eines *ÖGB*-Folders zeigt eine Rollstuhlfahrerin als Sekretärin (?) am PC. Dazu die Headline: „Der *ÖGB* macht Unternehmen fit für Menschen mit Behinderung." Wie dies *in praxi* geschehen soll, bleibt dem Orakel überlassen. Oder: Ein Rollstuhlfahrer hat einen Job als Lokomotivführer bei den *ÖBB* (der einzige in Österreich). Sofort wird eine Pressekonferenz von den *ÖBB* inszeniert, die diesen Mann im Blitzlicht vorführt. Hier tut Kritik Not: Der Vorstoß der *ÖBB* ist großartig. Doch wird durch „Einmaligeffekt" (*ÖBB*-Lokomotivführer) oder „Sekundärvollziehbarkeit" (*ÖGB*) von der Problematik des völlig veralteten Förderungszuganges spektakulär-medial und damit allzu leicht abgelenkt.

Resümee

Wenn die Politik das Jahr 2003 zum „Europäischen Jahr der Menschen mit Behinderungen" ausgerufen hat, dann bleibt die Frage, welchen Inhalt sie damit postuliert. Der politische Grundtenor in der EU ist traditionell abstrakt und lautet: Mit diesem Jahr soll für die Belange behinderter Menschen geworben werden. Getreu dem Motto: „Teilhabe verwirklichen, Gleichstellung durchsetzen, Selbstbestimmung ermöglichen". Damit dies nicht nur leere Phrase bleibt, braucht es Wachsamkeit und Eigenintiative.

Seit 1982 regiert bei Rollstuhlfahrerin Eva W. das „Prinzip Hoffnung": Ihr *Handicap* wurde ihre *Motivation,* sich für ihre Rechte einzusetzen. Es sollte zehn weitere Jahre dauern, bis Österreich 1992 ein „Pflegegesetz" bekam. Elf weitere Jahre später zelebrieren wir ein wohltönendes „EU-Behindertenjahr 2003". Wie werden wohl die Rechte der „Menschen mit Behinderung" im Jahr 2015 aussehen?

Carsten Rensinghoff
Viel heiße Luft zum Europäischen Jahr der Menschen mit Behinderungen oder: Wo ist das Zeichen des neuen Bundes?

Birgit Fischer, die Ministerin für Gesundheit, Soziales, Frauen und Familie des Landes Nordrhein-Westfalen, erklärt in der Auftaktveranstaltung zum Europäischen Jahr der Menschen mit Behinderungen 2003 im Rathaus der Stadt Dortmund, dass das Ziel dieses einen Jahres die Anerkennung und Respektierung der einem jeden Menschen innewohnenden Einzigartigkeit mit seinem Anderssein ist (vgl. dies. 2003: 12). Und – so Fischer weiter – „mit diesem Ziel ist der Anspruch verbunden, Menschen mit Behinderungen als gleichwertige Mitglieder der Gesellschaft zu behandeln und ihren Anspruch auf Selbstbestimmung anzuerkennen.

Mit dieser Anerkennung ist eine wichtige Weichenstellung zu einem Umdenken verbunden“ (ebd.). Und dieses Umdenken bedeutet nach der seinerzeitigen Ministerin, nicht das Bekannte und so genannte Normale zum Maßstab aller Dinge zu erklären. Es bedeutet demgegenüber zu integrieren, womit wiederum gemeint ist die Vielfalt und Einzigartigkeit als wirklich und wahrhaftig zu begreifen. Eine in diesem Sinne gelebte Integration bedeutet die Beteiligung einer und eines jeden an Entscheidungen auf gleicher Augenhöhe. Somit ist dann auch der Schlenker zu dem alles umfassenden Motto des Europäischen Jahres der Menschen mit Behinderungen gelungen: „Nichts über uns ohne uns!“

Es sollte durch dieses eine Jahr – und es muss die Frage zugelassen werden, ob das nicht wirklich nur für dieses eine Jahr Geltung haben sollte – ein Perspektivenwechsel stattfinden, in dem anstatt ausgrenzender und isolierender Fürsorge, anstatt abwertenden Mitleids und anstatt wohlmeinender Bevormundung uneingeschränkte Teilhabe, vollkommene Gleichstellung und das Recht auf Selbstbestimmung zumindest in der bunten Bundesrepublik Deutschland wegweisend sein sollten. Das alles sollte auch dazu dienen die Denkbarrieren in den Köpfen der Entscheidungsträgerinnen und Entscheidungsträger, Bürgerinnen und Bürger zu beseitigen. Es stellt sich die Frage, was von dieser Wegweisung übrig geblieben ist. War das alles nur heiße Luft?

Ein erstes Beispiel ist eine Begebenheit des schwer geh- und stehbehinderten Autors im Vorfeld eines Fußballspiels im Rahmen der Fußballweltmeisterschaft der Menschen mit Behinderungen im Dortmunder Stadion Rote Erde, wie der folgende Leserbrief zeigt – und das ereignete sich nach diesem heiß ersehnten Europäischen Jahr der Menschen mit Behinderung:

> Bei dem am 12.9. im Dortmunder Stadion Rote Erde ausgerichteten Fußballspiel im Rahmen der Behinderten WM wurde ich als schwer gehbehinderter Zuschauer von dem dort tätigen WM Team benachteiligt. Als Sonnenallergiker habe ich mich auf einen der letzten freien sonnengeschützten Sitzplätze in der VIP-Lounge gesetzt. Sofort wurde ich des Platzes verwiesen. Dort dürften nur VIPs sitzen. Auch Behinderte hätten hier keinen Zutritt. Ich blieb dann aber sitzen und sagte, wenn der Oberbürgermeister den Platz haben will, dann stehe ich als Behinderter sofort auf. Zu hoffen ist das diese Damen aus dem WM Team nicht in der Behindertenhilfe tätig sind. (Rensinghoff 2006).

Bei dem nun folgenden Beitrag handelt es sich um einen überarbeiteten Vortrag, den ich am 29.09.2006 in einem Workshop, im Rahmen der 2. Tagung Internationale Sonderpädagogik/43. Arbeitstagung der DozentInnen der Sonderpädagogik deutschsprachiger Länder, in Wien gehalten habe. Eben dieser Vortrag beleuchtet ein Problem, welches trotz des Europäischen Jahres der Menschen mit Behinderungen nicht vom Tisch ist.

Eine genderperspektivische Betrachtung zur Situation behinderungserfahrener Männer als Mitarbeiter in der professionellen Behindertenhilfe

Ich beginne meine Ausführungen mit einem Zitat, welches die gendertypischen feinen Unterschiede verdeutlicht:

> Die geschlechtsspezifischen Merkmale sind ebenso wenig von den klassenspezifischen zu isolieren wie das Gelbe der Zitrone von ihrem sauren Geschmack: eine Klasse definiert sich wesentlich auch durch Stellung und Wert, welche sie den beiden Geschlechtern und deren gesellschaftlich ausgebildeten Einstellungen einräumt. Darin liegt begründet, warum es ebenso viele Spielarten der Verwirklichung von Weiblichkeit gibt wie Klassen und Klassenfraktionen, und warum die Arbeitsteilung zwischen den Geschlechtern auf der Ebene der Praxis wie der Vorstellungen innerhalb der verschiedenen Gesellschaftsklassen höchst unterschiedliche Ausprägungen annimmt. (Bourdieu 1998: 185).

1. Einleitung

Das Thema, welches wir hier behandeln, reiht sich in das übergreifende Tagungsthema – „Begegnung und Differenzen" – ein, wenn es nämlich darum geht, wie einem mit Differenzen, Defiziten, Behinderungserfahrungen o. ä. als männlicher Mitarbeiter im professionellen Behindertenhilfesystem begegnet wird. Seine internationale Ausrichtung bekommt die hier angesprochene deutsche Thematik mit dem noch zu leistenden Transfer auf andere Länder, wobei die kulturellen Gegeben- und Besonderheiten beachtet und gewürdigt werden müssen.

Dieser Beitrag nun beleuchtet die genderspezifischen Unebenheiten bezüglich der sozialen Teilhabe behinderungserfahrener Männer – und sämtliche Überlegungen zur Teilhabe behinderungserfahrener Menschen entspringen, ohne die hiervon betroffenen Behinderungserfahrenen überhaupt zu fragen ob das alles in ihrem Sinne ist, sträflicherweise den Köpfen so genannter nichtbehinderungserfahrener Professioneller – als professionelle Mitarbeiter des überkommenen und auf paternalistischen (vgl. Jantzen 2001) Strukturen aufbauenden Behindertenhilfesystems der bunten – und dieses Adjektiv soll aufzeigen das sich unterschiedliche, eben bunte, Kulturen (als da also wäre die Kultur der behinderungserfahrenen Existenzen und die Kultur der, der erstgenannten Kultur diametral gegenüberstehenden, nichtbehinderungserfahrenen Menschen) – Republik Deutschland.

Eigene negative Behinderungserfahrungen, mit einer Schwerbehinderung nach einem im Februar 1982, im Alter von 12 Jahren, durch einen Straßenverkehrsunfall erworbenem schweren Schädel-Hirntrauma, lassen eine Betrachtung bezüglich der Beschäftigung von Männern mit Behinderung in der sozialen Behindertenhilfearbeit legitim erscheinen. Als Mann mit Behinderung entspricht jener dann also nicht mehr der Norm – und „die Norm ist der weiße, angloamerikanische, mittel- oder nordeuropäische Mann heterosexueller Orientierung mit gutem Bildungsniveau" (Espin zit. n. Jantzen 2000/2001: 37).

Ulrike Schildmann (2000: 256) macht in ihrer Untersuchung zur Genese der allgemeinen Behindertenstatistik aus Genderperspektive auf das soziale Problem der aus der ungenügend akzeptierten Arbeit resultierenden weiblichen Armut aufmerksam. Es ist „die weibliche Arbeit, die im Wirtschafts- und Sozialsystem des 20. Jahrhunderts für Frauen aus familialer Reproduktionsarbeit/Hausarbeit oder aus einer Kombination von Hausarbeit und Erwerbsarbeit (häufig Teilzeit-Erwerbsarbeit) besteht und nicht – der männlichen Erwerbsarbeit vergleichbar – als Gesamtkomplex entlohnt und gesellschaftlich anerkannt wird. Sie stellt sich in der Behindertenstatistik als extrem unterbelichtet dar; denn die familiale Reproduktionsarbeit findet kaum Beachtung. So werden zum Beispiel Arbeitsunfälle im Haushalt nicht als solche behandelt, und arbeitsbezogene Erkrankungen werden unter ‚ferner liefen' abgelegt." Zitierte Autorin konstatiert eine Schieflage der generellen Statistik, die sich auf die für das männliche Geschlecht typischen Erwerbsarbeitsstrukturen konzentriert. Daraus folgt für Schildmann eine Ignoranz für frauentypische Reproduktionsarbeit. Nach Bourdieu (1998) beschränkt sich die berufliche Situation der Frauen auf den häuslichen Dienstleistungssektor, welcher „die beiden Dimensionen der herkömmlichen Bestimmung der Aufgaben der Frau zusammenfaßt: Dienst und Haus" (ders.: 185), welche quasi den Frauen vorbehalten sind.

Bernhard Stuckmeyer weist in seinen Kindheitserinnerungen großer Schauspieler im Vorwort auf die geschlechtsspezifischen Differenzen in der weiblichen und männlichen Erfahrungswelt hin: „Während die Knaben dahin tendieren, reale Gegebenheiten nüchtern zu erfassen und darauf zu reagieren, neigen die Mädchen dazu, sich in Fantasiewelten zu bewegen und diese auf Natur- und andere Phänomene zu projizieren" (ders. 2003: 8). Derartige Phantasiewelten sind manchmal, beispielsweise zur Entwicklung neuer Projekte ganz hilfreich, ersetzen jedoch nicht die Erwerbsarbeit, die das Fressen garantiert, welches eben vor der Moral kommt. Soziale engagierte Frauen, die auf dem sozialen Feld die ehrenamtliche Arbeit propagieren, reagieren auf diese männlicherseits getätigten Äußerungen – und gerade dann wenn sie von einem behinderungserfahrenen Mann geäußert werden – in der Regel mit Unverständnis. Letzteres führt dann zu sehr vagen weiblicherseits gemachten Empfehlungen, die nahe legen erst einmal mit ehrenamtlicher Arbeit zu beginnen, was dann vielleicht (eher und mit größter Sicherheit aber dann doch nicht) in eine ordentliche Erwerbsarbeitstätigkeit führt. So werden dann kompetente und qualifizierte behinderungserfahrene Männer in der sozialen Arbeit verschlissen.

Der Evangelische Erwachsenenkatechismus (Jetter/Echternach/Reller/Kiesig 1989), das evangelische Kursbuch des Glaubens, spricht bei allen biologischen Differenzen von einer gesellschaftlichen Genese hin zur Gleichberechtigung von Mann und Frau. „Frauen sind in intellektueller Beziehung dem Manne ebenbürtig. Abgesehen von ausgesprochenen ‚Kraftberufen' haben sie sich in fast allen Zweigen industrieller Arbeit oder öffentlicher Tätigkeit als gleichrangig erwiesen." (ebd.: 509). Hieraus folgt für die evangelische Kirche, dass es nicht mehr unbedingt möglich ist von nur einem Geschlecht anhaftenden typischen Verhaltensweisen oder Möglichkeiten zu sprechen. Vielmehr hat sich ein breiter Raum gemeinsamer Verhaltensweisen gebildet.

In der 2005 von Jürgen Werbick herausgegebenen katholischen Glaubensfibel stellt Stefanie Rieger-Goertz (2005) heraus das in unserer kulturgeschichtlichen Tradition dem Männlichen das Geistige und dem Weiblichen die sinnliche Wahrnehmung zugesprochen wird. So stellt die Autorin heraus, dass „Geist und Wahrnehmung (...) dabei nicht gleichberechtigt nebeneinander“ (ebd.: 125 f.) standen. Der dem Manne anhaftende Geist stellte, Rieger-Goertz zufolge, eine höhere Erkenntnisstufe dar. Frauen wurde, mit Blick auf die an eine *Geistseele* gekoppelte Gottebenbildlichkeit, bis in das 20. Jahrhundert hinein das Menschsein abgesprochen. Frauen galten und gelten als gefühlvoll, aufopfernd und passiv wogegen Männer als rational, dominant und aktiv gelten. „Frauen ist eher die charismatische und karitative Ausgestaltung des Zeugnisses aufgegeben, Männern eher der amtliche Kontext und Vorsteherfunktionen, sei es im liturgischen oder im familiären Zusammenhange“ (ebd.: 127). Somit sind Rieger-Goertz folgend Amt und Charisma *gegendert* (vgl. ebd.: 127).

2. Genderforschung

Es sei darauf hingewiesen, dass es sich bei dem Folgenden nicht um eine repräsentative Untersuchung handelt, sondern um einen ‚Fall von (...)‘, der aber, eben weil er exemplarisch dasteht, eine Möglichkeitsverallgemeinerung zulässt. Niklas Luhmann folgend entsteht die Komplexität der Welt, samt ihrer Arten und Gattungen sowie ihrer Systembildungen „erst durch Reduktion von Komplexität und durch selektive Konditionierung dieser Reduktion“ (ders. 1987: 47). Eben weil ein ‚Fall von (...)‘ aus einem Gesamt möglich erscheint, ist eine Möglichkeitsverallgemeinerung zulässig.

Es erscheint notwendig die vielfach versagte Erwerbsarbeit von Männern mit Behinderung im sozialen Arbeitsfeld aus der Perspektive der Genderforschung heraus zu betrachten. Der Terminus technicus Gender ist eine englische Bezeichnung für die gesellschaftlich, sozial und kulturell geprägten Geschlechtsrollen von Frauen und Männern. Hierbei handelt es sich, im Gegensatz zum biologischen Geschlecht, um erlernte und deshalb auch veränderbare Strukturen.

Ich habe zu Beginn meiner zweiten Ausbildungsphase für das Lehramt für die Sonderpädagogik von einem Ausbilder zu hören bekommen, dass ich als Körperbehinderter nie Körperbehindertenpädagogik hätte studieren dürfen. Als Begründung führte dieser Ausbilder, der es in der Hierarchie bis zum Schulleiter einer Schule für Körperbehinderte gebracht hat, an das ein körperbehinderter Lehrer in der Sonderschule seinen nicht behinderten Kollegen zur Last fällt, da diese die schwerst mehrfach behinderten Schülerinnen und Schüler heben und tragen müssen, sich dadurch ihren Rücken kaputt machen, da mein Rücken als körperbehinderter Auszubildender ja bereits kaputt ist. Dadurch das die Zahl der Zivildienstleistenden immer weiter zurück geht, d. h. auch deren Verweildauer in sozialen und karitativen Einrichtungen und somit auch in der Schule für Körperbehinderte immer kürzer andauert, müssen dann auch die männlichen Kollegen der Schule für Körperbehinderte die Hebearbeit leisten, woraufhin dann der körperbehinderte männliche Lehramtsanwärter das, es stellt sich die Frage ob das politisch vielleicht sogar gewollt ist, in Artikel 12 Absatz 1 des Grundgesetzes der Bundesrepublik Deutschland verbriefte Recht auf Berufswahl und Wahl der Ausbildungsstätte („Art. 12 garantiert allen Deutschen das Recht, Beruf, Arbeitsplatz und Ausbildungsstätte frei zu wählen“ (Hesselberger 2000: 137))versagt bekommt. Mit der durch die Ausbildungsbehörde negativ beurteilten Ausbildungswahl ist dann natürlich auch – und das weil es sich hier um einen Auszubildenden mit Schwerbehinderung handelt – ein Verstoß gegen Artikel 3 Absatz 3 Satz 2 des Grundgesetzes der Bundesrepublik Deutschland zu konstatieren, weil nämlich jemand wegen seiner Behinderung benachteiligt wurde – und nach dem Richter am Oberlandesgericht Nürnberg, Dieter Hesselberger, gesprochen, liegt eine Benachteiligung „nicht nur bei Regelungen und Maßnahmen vor, die die Situation des Behinderten wegen seiner Behinderung verschlechtern, indem ihm etwa der tatsächlich mögliche Zutritt zu öffentlichen Einrichtungen verwehrt wird oder Leistungen, die grundsätzlich jedermann zustehen, verweigert werden. Vielmehr kann eine Benachteiligung auch bei einem Ausschluß von Entfaltungs- und Betätigungsmöglichkeiten durch die öffentliche Gewalt gegeben sein, wenn dieser nicht durch eine auf die Behinderung bezogene Förderungsmaßnahme hinlänglich kompensiert wird“ (Hesselberger 2000: 84 f.). Und diese hinlängliche Kompensation durch Förderungsmaßnahmen blieb aus. Aus dem Gesagten lässt sich zu dem Slogan *Geschlecht: behindert – besonderes Merkmal: Frau*, mit welchem die gesellschaftlich vermittelte Fremdbildzuschreibung von Mädchen und Frauen mit Behinderung ausgedrückt wird (vgl. Bretländer 2002: 136), für die Erwerbsarbeitssituation behinderter Männer der Slogan *Geschlecht: behindert – besonderes Merkmal: Mann* hinzufügen.

Die männliche Erwerbssituation macht sich dann auch in der durch die Frau (also von ihr initiierte bzw. auf die männliche Begehrung beantwortete) bestimmte Wahl des Beziehungspartners bemerkbar. Hier kommt es dann darauf an, dass der Mann, wenn schon behindert, die Frau in schlechten Zeiten durchfüttern kann. Die Inhaberin eines Geschäftes für Damenoberbekleidung sagte einmal, als sie jemanden suchte der ihr die Deckenlampe auswechselt, dass der von ihr gesuchte Mann gut aussehen, technisch begabt (also das Wechseln von Deckenlampen uneingeschränkt beherrscht) und gut im Bett sein muss. Als ich diese, einen Lebensabschnittspartner suchende, Geschäftsinhaberin kürzlich noch einmal mit dieser, bereits vor drei bis vier Jahren getätigten, Aussage konfrontierte, sagte sie das es ihr gegenwärtig vorwiegend darauf ankommt das der Lebensabschnittsgefährte ihr zu dem Gesagten dann aber doch vorwiegend finanzielle Sicherheit bieten müsse – und das gerade dann, wenn der Laden schlecht läuft. Momente, die dem von Peter Weiss (1964) dargestellten ähnlich sind, bleiben Männern mit Behinderung als Professionelle in der Sozialen Arbeit und in der Blüte ihres Lebens verwehrt: „Elfriede saß in einem kurzen Hemd auf dem Rand ihres Bettes. Ich strich mit meinen Händen über ihre Schultern und ihr Haar, und sie kam mir entgegen, sie umschlang mich mit ihren Armen und ihr Mund saugte an meinem Mund. Ich schob das Hemd über ihre gespreizten Schenkel empor. Elfriede öffnete meine Hose und ich war eingespannt in den Zwang einer unverständlichen Aufgabe. Elfriede, erregt atmend, umfingerte mich und zog mich an die Öffnung ihres Leibes. Die Bestandteile und Formeln der gestellten Aufgabe waren zusammenhanglos und ergaben keinen Sinn. Elfriede, mein Eindringen erwartend, schloß die Augen“ (ders.: 99 f.).

Männer mit Behinderung sind auch nach 2003 in ihrer Unbrauchbarkeit für den Arbeitsmarkt zusätzlich zu einem Singledasein verdammt. Behinderungserfahrene Männer erhalten zur *wohlwollenden* professionellen Enteignung des Alltags durch eben diese sich sozial engagierende und den Behinderungserfahrenen quasi bedingungslos hingebende Wohltätermafia die Enteignung der Sexualität. Das belegt so dann auch die These Manuela Bannaschs (2002: 124) – und hier kommen wir, wenn Sie so wollen, dann wieder zu seriöser Literatur –, die die Schwierigkeiten, denen behinderungserfahrene Menschen in der Gesellschaft gegenüber stehen, als nicht unerheblich darstellt.

Die architektonischen Rahmenbedingungen tragen nicht gerade zur Integrationsförderung bei, das heißt, Menschen, die in ihrer Mobilität behindert sind, ist keine Spontaneität in ihren sozialen Begegnungen und Unternehmungen möglich. Längere Vorbereitungen sind nötig, um am gesellschaftlichen Leben teilzunehmen. Und oft klappt es dann doch nicht mit der Kontaktaufnahme und Durchbrechung des Ghettos, denn diese ‚Leistungs- und Ästhetikmafia' hat sehr wohl ihre Probleme mit behinderten Menschen, die ja doch nur zu deutlich die Zerbrechlichkeit des Lebens dokumentieren – jenseits von unseren Medienschönheiten und unserem Machbarkeitswahn.

3. Ein theologischer Exkurs: Wir lernen die Bedeutung des Regenbogens kennen

Bei diesem Exkurs handelt es sich um eine Exegese und den hierzu angestellten anthropologisch-theologischen Überlegungen zu Gen 9,1-17. Seinerzeit legte ich noch eine sehr kirchenaffine Persönlichkeitsstruktur an den Tag. Es handelt sich um eine Arbeit, die ich für den 19.06.1998, im Rahmen der schriftlichen Planung einer Unterrichtsprobe der Prüfungskommission für die Zweite Staatsprüfung für das Lehramt für die Sonderpädagogik in Düsseldorf vorgelegt habe. Dieser Exkurs dient dazu exemplarisch aufzuzeigen, dass es auch nach dem EJMB 2003 noch nicht wirklich gelungen ist diesen schon im Alten Testament aufgezeigten neuen Bund zu schließen. Wir Menschen mit Behinderungen warten noch auf das hierfür stehende Zeichen, den Rgenbogen.

3.1 Textgrundlage – Gen 9,1-17

Gottes Bund mit Noah

1 Und Gott segnete Noah und seine Söhne und sprach: Seid fruchtbar und mehret euch und füllet die Erde.
2 Furcht und Schrecken vor euch sei über allen Tieren auf Erden und über allen Vögeln unter dem Himmel, über allem, was auf dem Erdboden wimmelt, und über allen Fischen im Meer; in eure Hände seien sie gegeben.
3 Alles was sich regt und lebt, das sei eure Speise; wie das grüne Kraut habe ich's euch alles gegeben.
4 Allein esset das Fleisch nicht mit seinem Blut, in dem sein Leben ist!
5 Auch will ich euer eigen Blut, das ist das Leben eines jeden unter euch, rächen und will es von allen Tieren fordern und will des Menschen Leben fordern von einem jeden Menschen.
6 Wer Menschenblut vergießt, dessen Blut soll auch durch Menschen vergossen werden; denn Gott hat den Menschen zu seinem Bilde gemacht.
7 Seid fruchtbar und mehret euch und reget euch auf Erden, daß euer viel darauf werden.
8 Und Gott sagte zu Noah und seinen Söhnen mit ihm:
9 Siehe, ich richte mit euch einen Bund auf und mit euren Nachkommen.
10 und mit allem lebendigen Getier bei euch, an Vögeln, an Vieh und an allen Tieren des Feldes bei euch, von allem, was aus der Arche gegangen ist, was für Tiere es sind auf Erden.
11 Und ich richte meinen Bund so mit euch auf, daß hinfort nicht mehr alles Fleisch verderbt werden soll durch die Wasser der Sintflut und hinfort keine Sintflut mehr kommen soll, die die Erde verderbe.
12 Und Gott sprach: Das ist das Zeichen des neuen Bundes, den ich geschlossen habe zwischen mir und euch und allem lebendigen Getier bei euch auf ewig:
13 Meinen Bogen habe ich in die Wolken gesetzt; der soll das Zeichen sein des Bundes zwischen mir und der Erde.
14 Und wenn es kommt, daß ichWetterwolken über die Erde führe, so soll man meinen Bogen sehen in den Wolken.
15 Alsdann will ich gedenken an meinen Bund zwischen mir und euch und allem lebendigen Getier unter allem Fleisch, daß hinfort keine Sintflut mehr komme, die alles Fleisch verderbe.
16 Darum soll mein Bogen in den Wolken sein, daß ich ihn ansehe und gedenke an den ewigen Bund zwischen

Gott und allem lebendigen Getier unter allem Fleisch, daß auf Erden ist.
17 Und Gott sagte zu Noah: Das sei das Zeichen des Bundes, den ich aufgerichtet habe zwischen mir und dem Fleisch auf Erden. (Deutsche Bibelgesellschat 1985: 10-11).

3.2 Fachwissenschaftliche Analyse zu Gen 9,1-17

Die gesamte biblische Sintflutgeschichte „ist ein kunstvolles Geflecht aus den beiden Quellen J und P" (RAD 1967: 97). Gen 9,1-17 „wird von P präzis und theologisch subtil umrissen" (ders.: 108). Es werden hier bestimmte fundamentale Fragen beantwortet, welche für den Glauben des späteren Israel Gegenwartsbedeutung hatten. Das Zusammenleben der Kreaturen ist bestimmt durch Gewaltanwendung und gegenseitiges Töten; es gibt einen Frieden unter den Geschöpfen. Somit stellten sich die theologischen Fragen, die Gen 9 beantwortet: „Die Antworten darauf ergaben sich für Israel aus einer allseitigen, eindringenden Reflexion über seinen eigenen Glaubensbesitz und aus theologischen Folgerungen, die daraus gezogen werden. (...) Hier haben wir es also mit theologischer Lehre zu tun, d. h. mit Stoffen, mit denen sich in solcher Gestalt nur Priester befaßten" (ders.: 108).

Die elementarste Frage ist, bedingt durch die veränderten Verhältnisse, die nach der Geltung des ersten Schöpfungsgebotes: „Seid fruchtbar!" (V. 1). Antwort hierzu ist: Der Herr will, obwohl erbost durch die vorsintflutlichen Erfahrungen, auch jetzt noch die Ausbreitung der Menschheit.

In den Versen 2-4 wird die andere Frage angesprochen, welche sich auf die Ordnung der Lebewesen zueinander bezieht. Es ist nicht das gleiche Verhältnis von den Menschen zu den Tieren, wie es in Gen 1 bestimmt war. Nun sollen die Menschen die Tiere als Mahrungsmittel benutzen, denn gemäß Gen 1, 29f. war dem Menschen nur Pflanzennahrung gestattet. Dem Menschen ist nicht erlaubt, das Fleisch eines noch lebenden Tieres oder nicht ausgeblutetes Fleisch in frischem Zustand zu verspeisen (vgl. V. 4).

Die göttliche Herrschaft über dem menschlichen Leben wird ganz unmissverständlich in den Versen 5-7 ausgedrückt. Menschliches Leben ist unantastbar, weil es Gottes Eigentum ist und nach seinem Bilde geschaffen wurde. „Der Spruch V. 6 ist höchst altertümlich und von großer Gewalt (...). Es könnte sein, daß er einmal die Übung der Blutrache rechtlich festlegt und eingegrenzt hat: Im Falle eines Mordes darf die Blutrache weder maßlos werden (...); nur der Mörder (...) sühnt mit dem Tode" (ders.: 109). Gott will einen Mord nicht selber ahnden.. Hierzu bevollmächtigt er die Menschen. Hier findet sich die erste Vorbereitung zur Einsetzung der Staatsgewalt als Stellvertreterin Gottes und Vollstreckerin der sittlichen Weltordnung mit den Zwangsmitteln des Gesetzes und Rechtes (vgl. Privileg. Württemb. Bibelanstalt 1912: 14).

In den Versen 8-17 spricht P von einem Bundesschluss, den Gott mit Noah und seinen Nachkommen geschlossen hat. Ein Bund ist das zentrale Bild für die Beziehung von Gott und Mensch. „Die atl. Serie von B.schlüssen (...) eröffnet ein – Geschichte begründendes und bewegendes – Kooperationsverhältnis von Gott und Mensch, das in der Geschichte Israels seinen Anfang nimmt" (RUDDIES 1985). Ein Bundesschluss dient zur Klärung einer nicht durchsichtigen Rechtslage zwischen zwei Gruppen oder Personen, wobei es sich hierbei um ungleiche Partner handelt – und hier könnte man die Gruppe der Behinderungserfahrenen und die der nicht Behinderungserfahrenen gegenüberstellen, denn diese beiden Gruppen sind ja ungleich. Das Zeichen des Noahbundes steht als Unterpfand der zukommenden Gnade Gottes ohne eine bekennende Aneignung seitens der irdischen Partner hoch über den Menschen zwischen Himmel und Erde. An der deutlich sichtbaren Darstellung des Glaubenwillens soll die durch die chaotischen Elemente erschreckte Menschheit immer neue Zuversicht schöpfen, dass Gott die Welt tragen will und den Bestand der Ordnung garantiert. Das hebräische Wort, welches an dieser Stelle mit Regenbogen übersetzt wird, bedeutet sonst im Alten Testament Kriegsbogen (vgl. RAD 1967: 111). „Der Herr setzte den (Regenbogen – CR) zum Zeichen des Bundes, den er mit Noah geschlossen hat" (Reinecker 1991: 1127).

3.3 Anthropologisch-theologische Überlegungen

Gegenwärtig fällt es den Menschen immer schwerer, eine *Gotteserfahrung* zu machen. Kübler/Bödingmeier (1996,4) begründen dies:
a) durch ein durch Philosophie und Theologie stark vergeistigtes Gottesbild,
b) durch die Verwissenschaftlichung und Technisierung der Welt,
c) durch die Machbar-, Verfügbar- und zugleich Zerstörbarkeit der Umwelt
und
d) durch die unvorstellbaren Greuel, welche die Menschen sich gegenseitig zufügten und weiterhin zufügen.

Ganz offensichtlich hatt Gott für eine Vielzahl von Menschen keine Bedeutung mehr. Die Frage nach Gott ist aber so alt wie die Menschheit selbst: „Für den jüdisch-christlichen Glauben war es immer ein ebenso zentrales wie unlösbares Problem, wie es denn einen liebenden Gott angesichts des unvorstellbaren Leids (und auch des Leids vieler Behinderungserfahrenen, was immer wieder durch Schönreden der sich für sie paternalistisch in den Vordergrund stellenden Repräsentanten – CR) in der Welt geben könne" (ebd.).

Gottserfahrungen, die dann auch die Möglichkeit dazu geben, ehrlich über ihn zu reden und Zeugnis abzulegen, geschehen meist in den alltäglichen Lebensvollzügen der Menschen. Das hebräische Bild zeigt ebendies in eindringlicher und überzeugender Weise. Gott ist für den Israeliten auf vielfältige Weise im Leben erfahrbar geworden: z. B. Gen 1-2, Gen 12,1-3, Ex 3,14.15,3, Ps 145.

Das Volk Israel erzählt dies in einer Vielzahl von Geschichten, welche die Leserinnen und Leser sowie Hörerinnen und Hörer verinnerlichen und zu ihren eigenen Geschichten und Erfahrungen machen sollen. Über diese Geschichten soll ihnen der Weg gewiesen werden, wie sie selber in ihrem Leben Gott begegnen können. „So spricht Jahwe: Macht euch auf den Weg, mit dem alles anfing. Befragt die Pfade eurer Urväter, welcher der Weg zum Glück ist – und den geht! So werdet ihr Geborgenheit und Heil für euch finden" (Jer 6,15; Übersetzung v. Zenger 1979: 156).

Durch das in Ex 20,4 ausgesprochene Bilderverbot wird Gott für den Menschen als nicht vorstellbar beschrieben. Dadurch ist er auch nicht fixierbar, „weder in ein gegenständliches noch ein gedankliches Bild" (Kübler/Bödingmeier 1996: 4). Gott bleibt immer der nicht verfügbare. Er bleibt ein großes Geheimnis.

Der zentrale Ort der Gotteserfahrung ist wohl der Mensch (Gen 1,27). Aber da Gott in allem Geschaffenen, also in der gesamten Natur, erfahrbar ist, stellt die Natur mit ihren Symbolen ebenfalls einen wichtigen Ort der Gotteserfahrung dar.

Wenn die Rede davon ist, dass Gott ein befreiender, beschenkender, liebender Gott ist, so ist es für den Menschen eine Verpflichtung, ebendies den Mitmenschen durch das eigene Handeln vorzuleben. Somit ist die Erfahrbarkeit und Vermittelbarkeit Gottes durch den Menschen möglich. Leider verblasst dies im Zusammensein mit Behinderungserfahrenen und erfährt seinen Höhepunkt in irgendwelchen Helferspektakeln und Forschungsprojekten.

Die zwingende Notwendigkeit der Einheit von Gottes- und Nächstenliebe wird verstehbar, wenn dieser Gedanke bis in das Neue Testament verfolgt wird (Mk 12,28-34 par.). Jesus hat in seinem Reden und Tun diese Liebe gelebt und somit Gott selbst den Menschen vorgestellt. Wenn nun im Neuen Testament vom Menschen als *Bild* und *Ebenbild* Gottes (Kol 1,15; Hebr 1,3) die Rede ist, so wird hier ein Gedanke aufgegriffen, der bereits im ersten Kapitel der Bibel formuliert worden ist.

Aus dem bisher Gesagten lassen sich zwei Folgerungen ziehen:
1) Der Mensch selbst ist der wichtigste Ort der Gotteserfahrung
und
2) die Möglichkeit zur Gotteserfahrung wird dem Menschen aber auch von der gesamten Schöpfung geboten.

Die Noahgeschichte erzählt wie Menschen Gott im alltäglichen Leben erfahrbar wird. Sie verdeutlicht, dass der Mensch dort, wo er Gott nicht vertraut und sich von ihm lossagt, zugrunde geht. Aber nicht nur den Menschen allein trifft dieses Schicksal. Mit ihm verlieren auch Pflanzen und Tiere ihr Leben. Damit wird zum Ausdruck gebracht, dass der Mensch eine übergreifende Verantwortung für die gesamte Schöpfung wahrnehmen muss. Gegenwärtig erhält dieser Gedanke eine erneute Brisanz, angesichts der zahlreichen Umweltkrisen und der Unterdrückung bestimmter und unbestimmter Menschengruppen. Da es sich bei Gott um einen Gott des Lebens handelt, rettet er Noah, seine Familie und alle Tiere in der Arche, also die Schöpfung überhaupt. Im Zeichen des Regenbogens sagt Gott Noah seinen immerwährenden Bund zu, denn „nie wieder sollen alle Wesen aus Fleisch vom Wasser ausgerottet werden“ (Gen 9,11).

Bei der Noahgeschichte handelt es sich um eine Lebens- und Hoffnungsgeschichte, eine Geschichte also die auch das WJMB 2003 hätte einläuten können und müssen. Als Hoffnungsgeschichte soll sie auch heute den Menschen Zuversicht, Lebensbejahung und Trost spenden, jedoch nicht in einem einseitigen und damit verfälschenden Sinn, denn alle Wege sind von Dunkelheit, Leid und Verzweiflung begleitet: „Wer Gott wirklich ist, vermag niemand zu sagen. Daß er unsvor Negativem bewahre, entspricht weder unserer Erfahrung, noch den biblischen Texten. Der Glaube, den diese Erzählungen vermitteln wollen, besagt, daß Gott uns in diesem Negativsten bewahrt und uns letztlich nicht in der Leere, dem Nichts untergehen läßt“ (Kübler/Bödingmeier 1996: 6).

4. Fazit

Dieser Beitrag schließt mit der bereits von Heike Schnoor formulierten Forderung, welche den behinderungserfahrenen Menschen, beiderlei Geschlechts, reale Chancen zur Realisierung ihrer Lebensziele, einräumt. Und das ist „der Kampf um diesbezüglich notwendige gesellschaftliche Ressourcen“ (dies. 2005: 170), welche durch die Heilpädagogik unterstützt werden muss – und das ist kategorisch so gemeint, heißt also die Heilpädagogik muss das tun, so lange sie den Anspruch hat zu heilen und nicht, wie bisher, den Opfer- und Objektstatus fortbestehen zu lassen. Letztgesagtes schließt somit auch mit ein – und das muss dann den entsprechenden bundesweit tätigen Gremien, wie Kultusminister- bzw. Hochschulrektorenkonferenz, so vermittelt und in das Aufgabenheft geschrieben werden -, dass qualifizierte, bereits vor der Berufung mit einer Behinderung versehene, behinderungserfahrene Sonderpädagogen – und auch hier wieder gleichermaßen beiderlei Geschlechts – in den Universitätsprofessorenstand berufen werden, weil es dem behinderungserfahrenen Menschen nur dann gelingt, „seine Ziele zu erreichen und schwierige Probleme zu lösen“ (ebd.) und dies dann auch mit Blick auf die Peers zu tun, beispielsweise bei dem Thema Inklusion.

Seit Beginn – und das hatte ich weiter vorne schon angeführt – der Ende des vergangenen Jahrtausends nämlich geführten Integrationsdiskussion, die mit Beginn diesen Jahrtausends von der Inklusionsdiskussion abgelöst wurde, waren keine behinderungserfahrenen Menschen maßgeblich an selbigen beteiligt. Die Beiträge zur Integration/Inklusion wurden von Eltern, Lehrerinnen und Lehrern, sowie von karrierebewussten Hochschullehrerinnen und Hochschullehrern geliefert. Damit aber vollständige gesamtgesellschaftliche Teilhabe behinderungserfahrener Menschen gelingen kann, reicht es nicht von nicht Behinderungserfahrenen Sonntagsreden zu hören, sondern behinderungserfahrene Hochschullehrer in den Professorenstand zu berufen und nicht befristet im Mittelbau verkümmern zu lassen. Da jedoch, meiner erschütternden Erfahrung zufolge die derzeit tätige Professorinnen- und Professorenschaft an behinderten-, sonder-, heil-, – und die folgenden Bezeichnungen schlagen dem Fass ja den Boden aus, weil es für die gleichberechtigte Teilhabe, eben zum Zeitpunkt der Berufung bereits, behinderungserfahrener Universitätsprofessoren so nicht stimmt, denn es gibt sie nicht oder nicht mehr – integrations- bzw. inklusionspädagogischen Universitätseinrichtungen zum Berufungszeitpunkt eben nicht behinderungserfahrene Menschen in den Professorenstand beruft, ist zu fordern das es eine bundes- bzw. landesweite Schwerbehindertenvertretung aus der Professorenschaft für Sonderpädagogik gibt, die, so sich ein Behinderungserfahrener auf eine ausgeschriebene Professur bewirbt, Mitglied der jeweiligen Berufungskommissionen ist und Stimmrecht hat, damit der in den Ausschreibungen zu findende Satz – „Schwerbehinderte werden bei gleicher Eignung bevorzugt eingestellt“ – nicht nur ein gesetzlich eingefügter Slogan ist, sondern auch seine Berechtigung hat. Gegenwärtig verhält es sich ja so, dass Männer mit Behinderungserfahrung auf dem Arbeitsmarkt des überkommenen Behindertenhilfesystems auf allen Ebenen den Lohnnebenkosten zum Opfer fallen.

Wolfgang Jantzen konstatierte dazu in einem Interview in der taz, dass „Behinderte (...) so lange gut (sind – CR), so lange sie bloße Natur bleiben und Objekte des Mitleids sind. Sobald sie selbst Ansprüche haben, sind sie widerlich“ (Zier 2006). Stepina/Oswald (2003) verweisen auf einen Artikel des US-Magazins Wired, welches in seiner Augustausgabe des Jahres 2001 auf die Wichtigkeit von Menschen mit Behinderung für die Fortschritte in der

Orthopädietechnik seien. Die Autoren ziehen daraus richtigerweise die Konsequenz, dass es scheinbar ohne behinderungserfahrene Menschen keine Innovationen in diesem Wirtschaftszweig geben würde. Diese Vermutung im Blick scheint das dann auch für sämtliche Innovationen in der Behindertenpädagogik der Fall zu sein, wo behinderungserfahrene Menschen wohl das Procedere nur behindern und – und das hat für einen Sozialstaat einen sehr bitteren Beigeschmack – als Störfaktoren ausgesondert werden.

In ihrem Statement zum Europäischen Jahr der Menschen mit Behinderung formuliert Elisabeth Wacker, musikbegeisterte Soziologin an der Fakultät Rehabilitationswissenschaften der Universität Dortmund, dass

im Orchester der Stadt (...) viele Stimmen laut werden. Man wird sich einstellen müssen, im resektvollen und vorurteilsfreien Umgang – auf beiden Seiten! Man wird Pflichten bestimmen und Aufgaben zuteilen und lösen müssen. Nicht immer wird hier jeder die 1. Geige spielen können. Aber auch hier macht der Ton die Musik. Ich ermuntere alle Experten – die der Kommune und die in eigener Sache: Erwarten und fordern sie etwas voneinander! Fordern sie alle auf, ihren Part aktiv zu übernehmen und zu spielen. Auch die Universitäten mit ihrem wissenschaftlichen Know-How und ihrer Kompetenz in Bildungsfragen. (dies 2003: 18 f.).

Aber um Letzteres erreichen zu können bedarf es wohl der Empfehlung in Palmowskis satirischer Perspektive:

Wenn es viele neue Ideen gibt
Und viele alte Kollegen,
die dagegen sind, dann muß man warten,
bis sie gestorben sind (ders. 1996: 135).

5. Literatur:

Bannasch, Manuela: Kontakte finden und gestalten. In: dies. (Hg.): Behinderte Sexualität – verhinderte Lust? Zum Grundrecht auf Sexualität für Menschen mit Behinderung. Neu-Ulm 2002, 123-134.

Bourdieu, P.: Die feinen Unterschiede. Kritik an der gesellschaftlichen Urteilskraft. Frankfurt/Main [10]1998.

Bretalnder, Bettina: Identitätsarbeit (körper-) behinderter Mädchen im Spannungsfeld extrem widersprüchlicher Lebensbedingungen. In: Bundschuh, K. (Hg.): Sonder- und Heilpädagogik in der modernen Leistungsgesellschaft. Krise oder Chance? Bad Heilbrunn/ Obb. 2002, 133-139.

Deutsche Bibelgesellschaft: Die Bibel nach Martin Luthers Übersetzung. Stuttgart 1985.

Fischer, Birgit: Perspektiven der Politik für Menschen mit Behinderungen in NRW. In: Stadt Dortmund – Dezernat für Soziales, Jugend, Schule und Gesundheit (Hg.): 2003 Europäisches Jahr der Menschen mit Behinderung. Dokumentation der Auftakt-Veranstaltung vom 16. Mai 2003 im Rathaus der Stadt Dortmund. Dortmund 2003, 12-19.

Hesselberger, D.: Das Grundgesetz. Kommentar für die politische Bildung. Bonn [11]2000.

Jantzen, W.: Diagnostik und Rehistorisierung. Probleme und Strategien einer verstehenden Diagnostik. In: Mitteilungen der Lurija-Gesellschaft 7/8(2/2000 u. 1/2001)37-57.

ders.: Unterdrückung mit Samthandschuhen – Über paternalistische Gewaltausübung (in) der Behindertenpädagogik. In: Müller, A. (Hg.): Sonderpädagogik provokant. Luzern 2001, 57-68.

Jetter, H./Echternach, H./Reller, H./ Kiesig, M. (Hg.): Evangelischer Erwachsenenkatechismus. Kursbuch des Glaubens. Gütersloh [5]1989.

Kübler, A./Bödingmeier, F. (Hg.) Spuren. Arbeitshilfen für einen ganzheitlichen Religionsunterricht an Förderschulen. Unterstufe. Themengruppe III: Aus der Bibel leben. Thema 10: Gott erfahre. Rottenburg-Stuttgart 1996.
Luhmann, N.: Soziale Systeme. Grundriß einer allgemeinen Theorie. Frankfurt/Main 1987.
Palmowski, W.: Der Anstoß des Steines. Systemische Beratungsstrategien im schulischen Kontext. Ein Einführungs- und Lernbuch. Dortmund ^{2}1996.
Privileg: Würtemb. Bibelanstalt: Stuttgarter Jubiläumsbibel mit erklärenden Anmerkungen. Stuttgart 1912.
Rad, G. von: Altes Testament Deutsch. Das erste Buch Mose. Göttingen ^{8}1967
Reinecker, F. (Hg.): Lexikon zur Bibel. Wuppertal ^{2}1991.
Rensinghoff, C.: Leserbrief. In: Stadtanzeiger Dortmund vom 20.09.2006.
Rieger-Goertz, Stefanie: Frauen und Männer. In: Werbick, J. (Hg.): Katholische Glaubensfibel. Reinbach 2005, 125-128.
Ruddies, H.: Bund. In: Drehsen, V. et al. (Hg.): Wörterbuch des Christentums. Sonderausgabe. Düsseldorf 1995, 182.
Schildmann, Ulrike: Zur Entwicklung der allgemeinen Behindertenstatistik unter besonderer Berücksichtigung der Geschlechterverhältnisse. In: Vierteljahresschrift für Heilpädagogik und ihre Nachbargebiete 69(2000)254-256.
Schnorr, Heike: Salutogenetische Perspektiven. Förderung subjektiver Bewältigungsstrategien als heilpädagogische Aufgabe. In: Philipps-Universität Marburg (Hg.): Erziehungswissenschaft in Marburg. Positionen – Personen – Perspektiven. Marburg 2005, 163-172.
Stepina, C. K./Oswald, M. J.: Motivation Handicap: Zum EU Jahr der Menschen mit Behinderungen. In: Volksstimme vom 20.06.2003, 12 f.
Stuckmeyer, B. (Hg.): „Kinder, wie die Zeit vergeht ...“. Große Schauspieler erinnern sich an ihre Kindheit. München 2003.
Zenger, E.: Der Gott der Bibel. Stuttgart 1979.
Zier, J.: „Wir sind Sozialschrott.“ Wolfgang Jantzen, scheidender Professor für Behindertenpädagogik, über die Zukunft seines Faches, Folter in Behinderten-Verwahranstalten und über Seine Exzellenz den Sonnenkönig der Uni-Bremen. In: taz Nord vom 24.07.2006, 24.

Clemens K. Stepina

Motivation Handicap? Ernüchterndes Resümee zum Europäischen Jahr der Menschen mit Behinderungen 2003

Ich bin sicher: das Europäische Jahr der Menschen mit Behinderungen wird ein Erfolg und uns alle bereichern, weil wir von einander lernen können.
(Auszug aus der Rede der deutschen BM Ulla Schmidt vom 21.02.2003)

Das Europäische Jahr der Menschen mit Behinderungen – Eine enttäuschende Bilanz.
(Zitat von Keyvan Dahesch, Journalist des Deutschlandradios, vom 06.12.2003)

1. These: Das aktuelle ‚Behinderten'recht ist kein diskursiv erzeugtes Recht: Ihre Adressaten sind nicht ihre Co-Autoren

Es ist kein Behindertengleichstellungsgesetz, sondern ein bloßes Antidiskriminierungsgesetz, das noch dazu an für Menschen mit Behinderungen essentiellen Stellen gravierende Schwächen aufweist, die mit hoher Wahrscheinlichkeit bewirken werden, dass sich in der näheren Zukunft kaum Verbesserungen für Menschen mit Behinderungen ergeben werden, sondern man – wie bisher – auf den guten Willen und primär aufs Glück bei Schlichtungsgesprächen angewiesen sein wird. Besonders erschütternd ist jedoch, dass das von den Regierungsparteien im Regierungsprogramm vereinbarte Bündelgesetz zur Beseitigung von Diskriminierungen nicht gleichzeitig mit dem Gleichstellungspaket beschlossen wurde. Damit bleiben aber längst bekannte Diskriminierungen in einer Vielzahl von Materiengesetzen weiterhin bestehen.
(Michael Krispl, Vorsitzende des österr. Vereines Blickkontakt)

Motivation Handicap? So lautet der durchaus provokante Titel des vorliegenden Aufsatzes, geht man von einem Vorwissen des Begriffs aus: *handicap* ist der einzige Begriff, mit dem die WHO die soziale Auswirkung der Behinderung umschreibt. Mit ihm ist nicht die beeinträchtigte physiologische Funktion *(impairment)* gemeint, auch nicht die Funktionsbeeinträchtigung im Alltag *(disability)*, sondern die ‚behinderungs'bedingten Nachteile in der Gesellschaft.

Kann also eine soziale Behinderung, die einem Menschen mit Behinderung (die Palette reicht hier von Körper- bis Geistesbehinderung) mit langer ‚Nachhaltigkeit' trifft, eine Motivation sein? Die Antwort ist: Es muss sie sein, denn nur der Mensch mit Handicap kann selbst aus der Mühle der Missachtung und Verkennung seiner Person heraustreten. Das wiederum aber setzt entsprechende juristische wie sozioökonomische Rahmenbedingungen voraus, in denen sich ein Gehandicapter nicht als ein solcher, sondern klischeefrei artikulieren wie bewegen kann.

Gibt es diese Rahmenbedingungen? Die Antwort – die durch das EJMB 03 europaweit mitgestaltet wurde – lautet: Ja und Nein. Es gibt sie in Österreich[1] – wie im EU-Raum je nach modifizierten Beschlüssen (Ratsbeschlüsse 2001/903/EG bzw. ABI. L 335/15) – einerseits *de jure* mit dem Behindertengleichstellungsrecht (BGStG) vom 1.01.2006. Dieses rekurriert auf das EGVG (siehe § 1 BGStG), mit dem der rechtliche Behindertenstatus (nach Vorbild des Bonner Grundgesetzes 1994, Art. 3) auf die Ebene eines Verfassungsgesetzes gehoben wurde, dabei aber ein Akt der abstrakten Willensbekundung blieb[2] (mit Ausnahme von Art. IX Abs. 1 Z 3, mit dem die Diskriminierung von Behinderten als verwaltungsstrafrechtlichen Tatbestand sanktionierbar gemacht werden konnte).[3] Das mit 1. Jänner 06 in Kraft getretene BGStG erweitert den Rechtschutz um rein formale Instrumente: Diskriminierungsschutz in allen Lebensbereichen (§§ 4 f.), Mediation (§§ 14-16), Verbandsklage (§ 13), Barrierefreiheit (§§ 8, 19).

Dieses Gesetz re-agiert, wie übrigens die meisten seiner Art in Europa, also *ex negativo*: Mit diesem Gesetz – es ist schlichtweg „nicht umfassend und eher enttäuschend"[4] – kommt es zu einer (defensiven), eben rein formalrechtlichen Absicherung im Falle eines Rechtsstreits, während die inhaltliche Seite, die eben auch die Fragen nach einem gerechten Zusammenleben von Behinderten und Nichtbehinderten betrifft, nicht thematisiert wurde.[5] *De facto* ist also dieses Gesetz schlechter als andere Gesetze, die vom Gesetzgeber auf formaler Sanktionsebene etabliert werden, da es eben *nicht* Ausdruck und Resultat einer Kommunikation von Behinderten und Nichtbehinderten ist.

Geht man mit Karl-Otto Apel[6], vor allem aber mit Jürgen Habermas[7] und seiner Rechtsschule um Robert Alexy[8] davon aus, dass Recht nur diskursiv, also als Ausdruck eines Konsenses verstanden werden kann, der im Rahmen sozialer Integration durch gleichberechtigte Akte kommunikativen Handelns gestiftet worden ist, muss hier vehemente Kritik am bestehenden Gesetz geübt werden: Dieses Recht ist ein Recht, das von Menschen ohne Behinderung gemacht worden ist, Menschen mit Behinderung wurden kaum oder gar nicht in diesen Prozess der Rechtsfindung integriert.[9]

Es gilt festzuhalten: Voraussetzung zu einer Rechtsfindung kann nur eine Assoziation gleicher und gleich behandelter Rechtsgenossen sein, die ihre wechselseitigen sozialen Beziehungen regeln wollen. Formales Recht setzt also demokratischen Diskurs voraus, der nicht nur, sondern auch auf ethischen Konsen[10] aufbaut und durch ihn institutionalisiert werden muss. Die Adressaten eines Behindertengleichstellungsgesetzes können daher nur dann Menschen mit Behinderung sein, wenn sie sich auch zu deren Autoren zählen dürfen. Alles andere ist unbestimmtes positives Recht, und man darf nicht alleine darauf hoffen oder fürchten (siehe die Rechtslage im NS-Staat[11], dass dieses durch die (zumeist politisch instrumentalisierte) Justiz konkretisiert wird.

2. These: Konservative Pädagogik ist Normschöpfer des stigmatisierenden Behindertenbegriffs

Es ist unsere Auffassung, dass viele Veranstaltungen und Darstellungen zum Jahr der behinderten Menschen [1981; Anm. d. Vfs.] das ‚falsche Bewusstsein' über Behinderte nicht nur nicht vermindert, sondern verfestigt und ungebrochen weiterentwickelt haben. Allzu deutlich hat auch dieses Jahr gezeigt, wie wenig in der öffentlichen Diskussion die Perspektiven und Bedürfnisse der Betroffenen und ihrer Angehörigen im Mittelpunkt stehen. Die Kluft zwischen der Definitionsmacht der Experten, institutionellen Interessen und Zwängen sowie sozialpolitischen Legitimationsbedürfnissen auf der einen Seite und den Lebensansprüchen der Behinderten auf der anderen Seite blieb deutlich bestehen.[12]

Behinderte sind so lange gut, so lange sie bloße Natur bleiben und Objekte des Mitleids sind. Sobald sie selbst Ansprüche haben, sind sie widerlich.[13]

Die (rechts-)konservativen Geistes- und Sozialwissenschaften haben sich völlig unreflektiert den ‚modernen' Menschen mit Behinderung zu ihrem Forschungsobjekt auserkoren: Der Umstand, dass die Hervorbringung von ‚Behinderung' als Arbeitskraft minderer Güte ein Folgephänomen der industriellen Revolution[14] und nicht ontologisches Faktum ist, hat die konservative Pädagogik nie in ihren methodischen Grundlagen mitreflektiert. Ihr Credo ist daher: Der minder leistungs- wie arbeitsfähige Behinderte ist ein Mensch mit Ausfällen in der (technologisch instrumentalisierten) Arbeitswelt; er gilt in ihr nur also ein Mensch *ex negativo*. Er weicht von der Norm ab. Er ist ein Freak. Rechtlich wie institutionell ver- oder entsorgtes und aus der Schule[15], dem Beruf[16] wie dem Alltag verbanntes Leben bildet den Grundstein der Forschung, auch für diejenigen Autoren, die – im Gegensatz zu den alten Nazis, die ungehindert-unbehindert nach dem Krieg in Österreich und Deutschland weiter ihr ungebrochen braunes Gedankengut in Sachen Pädagogik zum Besten geben durften – es gut mit ‚dem armen' Behinderten meinen („er tut ja keinem was ..."). Ausnahmen bestätigen hier natürlich die Regel: In den 1970-er Jahren gingen kritische Sozialpädagogen aus der skandinavischen (Bank-Mikkelsen) wie italienischen (Basaglia) Antipsychiatriebewegung[17] – die mit *Empowerment*-, *Selbstbestimmtes Leben*- u. a. Bewegungen wie sog. *Krüppeltribunalen* in permanenten Austausch standen – davon aus, dass Behinderung keine Persönlichkeitseigenschaft oder Merkmal eines Individuums ist, sondern vielmehr eine in der ‚sozialen' Interaktion entstandene qualitative Zuschreibung von sog. Menschen ohne Behinderung.

Im deutschsprachigen Raum gibt es genau drei Referenzpersonen in der Sozial-, Integrations-, wie Sonderpädagogik zu nennen, die seit der Mitte der 1990-er Jahre eine systematische Dekategorisierung – sprich Verzicht auf die Verwendung von Behindertenkategorien – anstreben: Benkmann[18], Eberwein[19] und Wocken[20]. Die Genannten gehen mit dem von ihnen geprägten Begriff des „Etikettierungs-Ressourcen-Dilemmas" davon aus, dass Behinderung keine Eigenschaft, sondern eine soziale Zuschreibung der Gesellschaft, damit die Stigmatisierung eines Menschen bedeutet.

Wissenschafter wie ein Bleidick – und er vertritt hier zweifellos den *mainstream* in der zeitgenössischen deutschsprachigen ‚Behinderten'pädagogik – gehen *e contrario* davon aus, dass „der Begriff der Behinderung unverzichtbar ist", zumal seine Abschaffung „erhebliche Rechtsunsicherheit und uneinheitliche Handhabung von Leistungszuweisungen" bedingen würde.[21] Bleidick verwechselt aber in diesem Zusammenhang Wirkung mit Ursache: Denn erst indem ein Mensch als Behinderter wissenschaftlich (dis-)qualifiziert wird, kann der Gesetzgeber ihm ein Recht ‚angedeihen' lassen, das ihn als (auch: arbeitsmäßig) defizienten, und damit – ist der Rechtsstaat eine Demokratie – passiv zu schützenden Menschen definiert.

Wäre hingegen ein Mensch mit Behinderung vor allem als Mensch und nicht als Behinderter definiert, stünde seiner aktiven Teilnahme in der spezifischen Pädagogik wie Rechtsgebung als Mit-Autor nichts im Wege; was zweifellos zur Folge hätte, dass entsprechende wissenschaftliche Leitsätze wie Gesetze nicht *ex negativo* zustande kommen würden.

3. These: Nur der von der Gesellschaft als Behinderterbezeichnete Mensch selbst kann gegen diese Gesellschaft mit ihren stigmatisierenden Gesetzen und Wissenschaften vorgehen

In der europäischen Geschichte hat bisher nie ein breit abgestützter Prozess der gesellschaftlichen *Solidarisierung* mit behinderten Menschen stattgefunden. (...) Das Fehlen von Solidarität mit behinderten Menschen ist in den Wurzeln *europäischen Denkens* über solche Menschen verankert.[22]

Ich habe sehr lange und intensiv Großeinrichtungen beraten, kenne vieles von innen. Und ich könnte an einer Reihe von Einzelfällen zeigen, dass die Einrichtungen beweispflichtig sind, dass sie nicht foltern. In einem Wohnheim in Bremen muss einer unserer Studenten immer wieder einen Mann trösten, der Angstanfälle bekommt, weil er meint, in einen Sarg eingesperrt zu werden. In der Einrichtung, in der er vorher war, haben sie ihn in einen Sarg eingesperrt. Das ist purer Alltag. In meinen Augen sind eine Reihe von Großeinrichtungen kriminelle Vereinigungen. Da hilft alle vordergründige Sozialtünche, alles humanitäre Gequatsche nichts. Das Lächerlichste ist, dass die Anstalten immer sagen: Unsere Mitarbeiter leisten Beziehungsarbeit. Schlecht ausgebildete, emotional ausgebeutete Mitarbeiter, voll von Helfersyndromen.[23]

Menschen, die als (minder oder völlig arbeitsunfähige) Behinderte etikettiert werden, denen das ‚normale' Menschsein – und ironisch unfreiwilliger Weise selbst und vor allem im Rahmen von sog. (rechtlicher) Gleichbehandlung – durch paradoxe Intervention abgesprochen wird; was soll aus denen, unter einem solchen negativen Erwartungsdruck von außen stehend, anderes werden als stigmatisierte, und oft in Folge dessen auch: sozioökonomisch verarmte[24] und/oder psychiatrisierte[25], Menschen, die sukzessive die Identität entwickeln, die ihnen die Nicht-Behinderten vorgeben: Du bist ein Behinderter!

Wird ein Mensch einmal so ent-normalisiert, be-grenzt, dann kann es nicht wundern, dass das Ergebnis eines solchen deformierten und ungerechten Alltags- wie (auch etwa: pädagogischen) Wissenschaftsdiskurses deformierte und ungerechte Gesetze, genauer: ‚Behinderten'gesetze sind (das aber bitte immerhin auf verfassungsrechtlichem Niveau; der Gesetzgeber lacht sich dabei ins Fäustchen ...). Behinderung kann aber nicht als naturwüchsiges Phänomen begriffen werden, sondern ist ein sozial gemachtes wie durch gesellschaftliche Konvention geprägtes Phänomen.[26]

Wenn also diejenigen Menschen ‚normal' sind, die sich den herrschenden (Rechts-) Normen und gesellschaftlichen Konventionen ohne große Mühe affirmieren und unterordnen können, der Gesellschaft also alles in allem keine großen Probleme machen (wobei natürlich unter ‚Normalen' Mobbing als Normalität, als Kavaliersdelikt gesehen wird), dann sind die Menschen, die das Gegenteil davon sind, nur mehr unter der formalen Rechtsschutzhaube eines Behindertengleichstellungsgesetzes zähm- und integrierbar.

Sind verbeamtete Juristen und Wissenschafter, die von einem fragwürdig medizinisch ‚inspirierten' Normalitätsbegriff ausgehen, also Menschen mit gesundem affirmativem Habitus, der sich scheinbar jeder politischen Herrschaft aalglatt anpassen kann, wirklich die Menschen, die von den ‚Behinderten' ge-braucht werden? Nur dann, aber bitte wirklich nur dann, wenn Behinderung als Resultat einer naturgemäßen Seinsweise exekutiert werden soll.

Soll sie aber – und deswegen kann das herrschende Behindertenrecht nur das Recht der Herrschenden sein – als Resultat eines unfairen sozialen Zuschreibungsprozesses gewertet werden, dann brauchen die Menschen, deren Gegenstand sie sind, keine rechtlichen oder sozioökonomischen Almosen.

Denn dann brauchen sie vielmehr: Sie benötigen der aktiven Teilnahme in der Schaffung des sozioökonomischen und rechtlichen Diskurses in einer Gesellschaft, die sich nur dann Demokratie nennen darf, wenn wirklich alle ihrer Bürger gleichberechtigt diesen mittragen dürfen. Sie brauchen ein Recht, dass das ihre ist, sie brauchen eine Würde, die die ihre ist, sie brauchen eine Arbeit, die die ihre ist.[27] Was sie allerdings nicht brauchen sind gut gemeinte ‚Rechts-schläge' und ‚humanitaristische' Almosen aller Art.

Und deshalb gilt der Ruf: *Menschen mit Behinderungen aller Länder vereinigt Euch!*

Anmerkungen

1 Zur Geschichte der wie statistisches Material zur Behindertenpolitik in Österreich vgl. BM:SSGK (Hg.), Bericht der Bundesregierung über die Lage der behinderten Menschen in Österreich, Wien 2003, 18-42 sowie BM:SSGK (Hg.), Bericht über die soziale Lage 2003-2004, Ressortaktivitäten – Analysen, Wien 2004, 80-91. Zur Organisationsstruktur der Behindertenpolitik in Österreich siehe den tabellarischen Überblick in: BM:SSGK (Hg.), Überblick – Hilfen für Menschen mit Behinderungen im österreichischen Sozialsystem, Wien 20053, 16.

2 BGBl. I Nr. 87/1997: „Niemand darf wegen seiner Behinderung benachteiligt werden. Die Republik (Bund, Länder und Gemeinden) bekennt sich dazu, die Gleichbehandlung von behinderten und nicht behinderten Menschen in allen Bereichen des täglichen Lebens zu gewährleisten."

3 BGBl. I Nr. 63/1997

4 Zitat aus dem Sitzungsprotokoll des Behindertenbeirates der Stadt Graz, Graz 2004, 1. Defensiv auch die Erklärung der Mitgestalter des Gesetzes selbst: „Nachdem es sich um ein neues Rechtsgebiet handelt, bleiben naturgemäß noch viele Fragen offen und werden erst durch die Entscheidungen der Gerichte beantwortet werden." Hansjörg Hofer u. a., Behindertengleichstellungsrecht, Kommentar, Stand 01.01.2006, Wien-Graz 2006, 3.

5 Frage: Wo ist ersichtlich, wie Gelder des Europäischen Sozialfonds, die zu einem nicht geringem Teil der Etablierung von Equal diente, von 2000-2006 verwendet wurden? Lt. BM:SSGK (Hg.), Bericht der Bundesregierung, 118, zahlte der ESF „in der Förderungsperiode für Österreich rund 17, 3 Mio. Euro" Jedenfalls wird diese Frage in der „Mitteilung der Kommission vom 13. Oktober über Durchführung, Ergebnisse und Gesamtbeurteilung des EJMB 2003" (Kom/2005/486) mit keinem Wort erwähnt oder beantwortet. Zudem überrascht es, wenn in der „Closing Conference" des „European Year of People with Disability 2003" (Rom, 5-7 Dez. 2003) kein österreichischer Vertreter zu Wort kommt (allerdings ein geringes Übel, wenn man das Papier, das nur Willensbekundungen und leere Worte enthält, genauer studiert).

6 Karl-Otto Apel, Diskurs und Verantwortung, Ffm. 1990.

7 Jürgen Habermas, Faktizität und Geltung, Beiträge zur Diskurstheorie des Rechts und des demokratischen Rechtsstaats, Ffm. 1992.

8 Robert Alexy, Begriff und Geltung des Rechts, Freiburg-München 1992; Ders., Recht, Vernunft, Diskurs, Studien zur Rechtsphilosophie, Frankfurt am Main 1995; Ders., Theorie der juristischen Argumentation, Die Theorie des rationalen Diskurses als Theorie der juristischen Begründung – mit einem Nachwort (1991): Antwort auf einige Kritiker, Frankfurt am Main 2001.

9 Ausnahmen wie ein Franz Huainigg, der sich allerdings von vielen behinderten Menschen in Österreich den Vorwurf gefallen lassen musste, dass die ÖVP-FPÖ-BZÖ Regierung ihn nur zum Zweck seiner Instrumentalisierung in den Nationalrat holte, bestätigen hier die Regel. Huainiggs Versuch, mit einem dreiseitigen offenen Brief – der auf der ÖVP-Homepage abrufbar ist – Bedenken aus der Welt zu räumen, darf als gescheitert angesehen werden.

10 Vgl. dazu Frank Frese, Ethik als Voraussetzung für das Handeln in der Hilfe für Menschen mit Behinderung, in: Ders., Ethik, Motivation, Qualität und die Hilfe für Menschen mit Behinderung, Freiburg i. Brsg. 2000, 22-89.

11 Einen guten Abriss zum NS-Rechtskampf gegen „minderwertiges Erbgut" gibt Dieter Mattner, Behinderte Menschen in der Gesellschaft: Zwischen Ausgrenzung und Integration, Stuttgart-Berlin-Köln 2000, 57-81.

12 Rudolf Forster, Volker Schönwiese (Hg.), Behindertenalltag – wie man behindert wird, Wien-München, 1982, 1.

13 So der kritische marxistische Pädagoge Wolfgang Jantzen im Gespäch mit Jan Zier: „Wir sind Sozialschrott", Wolfgang Jantzen, scheidender Professor für Behindertenpädagogik, über die Zukunft seines Faches, Folter in Behinderten-Verwahranstalten und über Seine Exzellenz den Sonnenkönig der Uni-Bremen. In: taz Nord vom 24.07.2006.

14 Vgl. dazu Wolfgang Jantzen, Allgemeine Behindertenpädagogik, Bd. I: Sozialwissenschaftliche und psychologische Grundlagen, Weinheim 1987, pass.

15 Nicht nur in der Theorie, sondern auch in der Praxis wird diese Strategie gehandhabt. Ein Beispiel von vielen: Im Saarland konnte Alfred Sander anhand empirischen Materials dezidiert nachweisen, dass „bei Gesprächen in Lehrerzimmern (...) immer noch bei einem beträchtlichen Teil der Kollegien Desinteresse oder Ablehnung gegenüber Integration zum Ausdruck" kam (300). Ders., Gibt es im Saarland eine Integrationskultur?, Beobachtungen zum Hintergrund der schulischen Integration, in: Ders., Anne Hildeschmidt, Irmtraud Schnell (Hg.), Integrationsentwicklungen, St. Ingbert 1998, 291-301. Ähnlich argumentiert für die österreichischen Verhältnisse Ewald Feyerer, Behindern Behinderte?, Innsbruck-Wien 1998, 24: Der schulischen „Integration" stehen „viele österreichische LehrerInnen und sehr viele Gewerkschafts- und PersonalvertreterInnen (...) eher uninteressiert bis ablehnend gegenüber." Wenn es überhaupt Integrationsversuche gibt, dann nur über Druck von Eltern, indem sie sich „in Elterninitiativen bundesweit zusammen[finden]" (23).

16 Dabei will man es doch dem Behinderten ganz einfach machen, um sich in der schönen Arbeitswelt integrieren zu können: BM:AuS, ÖAGR (Hg.), Das Behindertenkonzept der österreichischen Bundesregierung, Wien 1993, 38: „Die Behinderten sollen zumindest die Hälfte der Produktivität eines Nichtbehinderten in gleicher Verwendung erbringen können, werden kollektivvertraglich entlohnt und sind voll sozialversichert."

17 Zu den fünf bis sechs Referenzpersonen vgl. Mattner, Behinderte Menschen in der Gesellschaft, 83-123. Es sei in diesem Zusammenhang auf das Skandalon verwiesen, dass eine einzige Arbeit im deutschsprachigen Raum die Anti-Psychiatriebewegung dokumentiert: Nämlich: Hannelore Ebert-Wetzel, Antipsychiatriebewegung, Ausdruck eines gesellschaftlichen Wandlungsprozesses, Dipl. arb. Kiel 1983.

18 Reiner Benkmann, Dekategorisierung und Heterogenität – Aktuelle Probleme schulischer Integration von Kindern mit Lernschwierigkeiten in den Vereinigten Staaten und der Bundesrepublik, in: Sonderpädagogik 1994 (24).

19 Hans Eberwein, Verzicht auf Kategoriesysteme in der Integrationspädagogik, in: Friedrich Albrecht, Vera Moser, andreas Hinz, Perspektiven der Sonderpädagogik, Disziplinäre und professionsbezogene Perspektiven, Neuwied-Berlin 2000.

20 Hans Wocken, Das Ende der kategorialen Behindertenpädagogik, in: Sonderpädagogik 1996 (26). An einer Stelle des Aufsatzes verrät allerdings auch Wocken seine Schwäche, Anti-Diskriminierung am Maß der Normalität zu messen, vgl. 59: „Der Vorschlag einer Dekategorisierung zielt darauf ab, Menschen mit auffälligen Problemen des Lernens, der Sprache und des Verhaltens wieder in den großen Strom der Normalität einzugliedern und sie nicht durch diskriminierende Etiketten davon auszunehmen."

21 Ulrich Bleidick, Behinderung als pädagogische Aufgabe, Behinderungsbegriff und behindertenpädagogische Theorie, Stuttgart-Berlin-Köln 1999, 84.

22 Urs Haeberlin, Gesellschaftliche Entsolidarisierungsprozesse: Brauch die Heilpädagogik neue gesellschaftliche Grundlagen?, in: Günther Opp, Franz Peterander (Hg.), Focus Heilpädagogik, München 1996, 172.

23 Wolfgang Jantzen im Interview mit Jan Zier, siehe Anm. 13.

24 Vgl. dazu: Gerhard Klein, Soziale Benachteiligung, Zur Aktualität eines verdrängten Begriffs, in: Günther Opp, Franz Peterander (Hg.), Focus Heilpädagogik, bes. 155-159.

25 Dass Menschen mit Behinderung auf Grund gesellschaftlicher Stigmatisierung auch oft an psychischen Problemen leiden, und nicht selten in der Psychiatrie völlig ruhig gestellt werden, daneben mitunter auch mit der Gewalt der (Zwangs-)Sterilisation konfrontiert werden, ist ein Faktum, dem sich in den letzten Jahren immer mehr seriöse (Einzel-)Studien widmen (Stichwort: Die Anti-Psychiatriebewegung um Basaglia, Bank-Mikkelsen).

26 Einmal mehr als kritische österreichische Referenzliteratur mit emanzipatorischem Pioniergeist ist hier zu erwähnen: Rudolf Forster, Volker Schönwiese (Hg.), Behindertenalltag – wie man behindert wird, Wien-München, 1982; vgl. hier bes. die sozialkritischen Analysen von Hofmüller, Stekl, Gstettner, Forster, Wimmer, Hubweber, Fragner und Hovorka (111-242) sowie Berichte etwa von Laburda (69-82).

27 Mustergültige Firmen, die „die Bereitschaft" zeigen „Menschen mit Behinderung zu beschäftigen" (3), anstatt die Ausgleichstaxe (vgl. §§ 9, 10/a u. 17 f. BEinstG) zu bezahlen (was bei den meisten österreichischen Betrieben aber immer noch als das ‚geringere Übel' angesehen wird), werden mit einem „Joboscar" (!) bedacht. Was gut gemeint ist, wird hier wieder im selben Atemzuge durch paradoxe Intervention zerstört: Da es anscheinend nicht ‚normal' ist, dass ein Betrieb (übrigens mit staatlicher Förderung der Lohn[neben]kosten) verhältnismäßig ‚viele Behinderte' aufnimmt, bekommt diese gleich einen Oscar verliehen. Zit. n.: www.bgld.-joboscar.at. Einen charmanten Photo-Zusammenschnitt der Überreichung der Oscars findet sich wieder in: BM:SSGK (Hg.), Das EJMB 2003 in Österreich, Bericht (Leichter-Lesen-Version), Wien 2004, 40-49. In diesem Zusammenhang gilt festzuhalten, dass „Prämien an Dienstgeber wegen Übererfüllung der Einstellungspflicht" (vgl. § 9a BEinstG) schon früher gewährt wurden; „1992" etwa „in der Höhe von ATS 184 Mio. [Schilling]." BM:AuS 1993, zit. n. Ali Atassi, Evaluierung des Integrationslehrgangs Journalismus, Dipl. Arb. Wien 2003, 28.

Autorenverzeichnis

Andrea Eik, geb. Stein
geboren am 10. März 1976 in Groß-Gerau, Deutschland. Staatlich anerkannte Erzieherin, Bachelor of Arts in Inclusive Education.
Thema der Bachelor-Thesis:
Das Stützpädagogenprinzip und seine Umsetzung im Vorschulbereich am Beispiel der beiden europäischen Städte Bremen und Oslo (2006).

Kerstin Gomell
geboren am 08. August 1978 in Darmstadt, wohnhaft in Pfungstadt, Deutschland. Beruflicher Werdegang: Abitur 1998; Freiwilliges Soziales Jahr in einer therapeutischen Einrichtung; staatlich anerkannte Erzieherin; Trainerin C Voltigieren (FN), Zusatzqualifikation für Heilpädagogisches Reiten/Voltigieren (DKThR) und Berittführerin (FN); Bachelorabschluss und z.Z. Studentin im 9. Semester des Masterstudienganges Inclusive Education/ Integrative Heilpädagogik an der Evangelischen Fachhochschule Darmstadt, Deutschland, einschl. 2 Praxis-Forschungs-Semester (Österreich: Wien und Graz/ bzw. BRD: Flensburg). Parallel dazu Nebentätigkeit als Erzieherin im Elementarbereich (Hochschul-Kinderkrippe).
Unveröffentlichte Bachelorthesis:
Ansätze der Inklusion durch ambulante Hilfen - Aufgezeigt am Beispiel der Lebenssituation von Menschen mit psychischen Erkrankungen (2006).

Stefanie Krach
geboren am 13. März 1982 in Roth. Studentin im Masterstudium ‚Integrative Heilpädagogik/ Inclusive Education‘ an der Evangelischen Fachhochschule Darmstadt/ Deutschland. Seit 2006 Bachelor of Arts ‚Integrative Heilpädagogik/ Inclusive Education‘. Die Bachelor-Abschlussarbeit mit dem Thema „Inklusion – ein Begriff in Vielfalt? Aspekte der Herleitung und Begründung und deren Relevanz für die Inklusive Education“ setzt sich kritisch mit den Bedeutungs- und Begründungszusammenhängen der Begriffe ‚Inklusion‘, ‚Exklusion‘ und ‚Integration‘ in der Heilpädagogik auseinander.

Elisabeth Lawonn
geboren am 3. Juli 1981 in Grimma/ Sachsen; Bachelor of Arts in Inclusive Education/ Integrative Heilpädagogik (8.Sem.), Studentin des Masterstudiengangs Inclusive Education/ Integrative Heilpädagogik an der Evangelischen Fachhochschule Darmstadt, Deutschland
Bachelorarbeit zum Thema:
Die behinderte Schönheit- eine Betrachtung der Begriffe Schönheit und Behinderung im Spiegel aktueller gesellschaftlicher Tendenzen.

Cornelia Schmidt
geboren 1973 in Löbau/Sachsen. 1994 Abschluss der Berufsausbildung zur Kinderdiakonin (Evangelische Erzieherin) in Berlin; seit 1994 Erzieherin in einer Einrichtung der Diakonie für Menschen mit Behinderungen (im Wohn- sowie im Arbeitsbereich) bei Darmstadt; seit 2002 Studium Inclusive Education (Integrative Heilpädagogik) in Darmstadt. Forschungsprojekt: Auswirkungen eines Qualitätssicherungssystems auf die Lebenswelt der Bewohner dieser Einrichtung.

Gabriele Frisch
geboren 1960 in Wien. Studium am Institut für Publizistik und Kommunikationswissenschaft an der Universität Wien, Abschluss Mag. phil. 1996; Doktoratsstudium am Institut für Theater-, Film- und Medienwissenschaft an der Universität Wien. Seit 1995 freie Wirtschaftsjournalistin, von 1998 bis 1999 Redakteurin im Fachzeitschriftenbereich, ab 2000 Account Manager in einer Wiener PR-Agentur, als Expertin für Medienkampagnen (Finanzwirtschaft, Wissenschaft, Gesundheit). Seit Juni 2006 Öffentlichkeitsarbeit für die Hilfsgemeinschaft der Blinden und Sehschwachen Österreichs. Projekte im Bereich Augenvorsorge von 2004 bis 2006.

Britta Wagner
geboren am 3. März 1969 in Wels, Studium der Publizistik- und Kommunikationswissenschaft, Politikwissenschaft und Geschichte an der Universität Wien. Internationale Tätigkeit als PR- und Marketingexpertin mit Schwerpunkt Non Profit Organisationen. Seit 1995 im Non Profit Sektor tätig; leitende Funktion in einer internationalen Organisation. Seit 2004: Projekte zu den Themen Barrierefreier Tourismus, Barrierefreie Kommunikation und barrierefreie Architektur. Unter anderem Expertin für die Zielgruppe sehbehinderte und blinde Touristen bei der Fachtagung „Strategien und Umsetzung des Barrierefreien Tourismus in Europa“ im Mai 2006. Seit 2004: Regelmäßig Trainings zur Sensibilisierung der Mitarbeiter der Austrian Airlines, seit 2006 werden die Gleichberechtigungstrainings auch für die Mitarbeiter der ÖBB umgesetzt.

Rita Pickardt
geboren am 21. September 1951 in Solingen; Ratsmitglied der CDU-Fraktion in Solingen; stellvertretende Fraktionsvorsitzende als Ratsmitglied im Behinderten-Beirat der Stadt Solingen für die CDU; Vorsitzende des Familientages für Behinderte und Nichtbehinderte e.V. in Solingen.

Anton Diestelberger
geboren 1952 in Amstetten (Niederösterreich); Pädagogische Akademie des Bundes in Linz (Lehramtszeugnis für Volks- und Hauptschulen); Studium der Pädagogik und Sonder/ Heilpädagogik an der Universität Wien. Obmann und Geschäftsführer von Rainman's Home, Verein zur Integration und Rehabilitation autistisch und anders behinderter Menschen, Wien; Lehrer an der Hans Radl-Hauptschule (Sonderpädagogisches Zentrum), Wien 18; Obmann des Forschungsvereins Rainman's Home; Selbstständige Tätigkeit in der Erwachsenenbildung im Rahmen eines eigenen Instituts; Vater eines erwachsenen autistischen Sohnes.

Bibliographie:
Diplomarbeit: Diestelberger, Anton / Zöttl, Therese: AUTISMUS – Struktur und Genese. Kriterien zur Beurteilung der Arbeit mit Autisten. Wien 1999.
Dissertation: Diestelberger, Anton / Zöttl, Therese: AUTISMUS – Integration oder Isolation. Wien 2003.
Anton Diestelberger / Therese Zöttl: Autismus – Strukturiertes Lehren und Lernen. Wien, Rainman's Home 2005.

Clemens K. Stepina
geboren 1967 in Wien, ist seit 1997 Mitarbeiter am Privatinstitut für Gesellschafts- und Kulturphilosophie sowie Lektor am ITFM d. Univ. Wien (Dozent mit ganzer Venia seit 2005) und seit 2006 am ITFF a. d. Univ. zu Köln. Er hat zahlreiche Publikationen auf dem Gebiet der Handlungs-, Sozial-, Gesellschafts- und Kunstphilosophie wie zur Methodologie und Handlungstheorie der Theaterwissenschaft vorzuweisen.
Publikationen (Auswahl der letzten Jahre):
Handlung als Prinzip der Moderne. Handlungsphilosophische Studien zu Aristoteles, Hegel und Marx. Wien 2000 (Wien, Passagen-Verlag); Philosophie am Scheideweg: Johannes Heinrichs im Interview mit Clemens K. Stepina. Wien 2002 (Wien, Passagen-Verlag); Herfried Münkler, Marcus Llanque, Clemens K. Stepina (Hg.), Der demokratische Nationalstaat in Zeiten der Globalisierung. Politische Leitideen für das 21. Jahrhundert. Festschrift für Iring Fetscher. Berlin 2002 (Berlin, Akademie-Verlag); Sichtungen. Historismus versus Kreativität. Mit einem Vorwort von Iring Fetscher. Wien 2003 (Wien, Passagen-Verlag); Clemens K. Stepina (Hg.), Kulturlichter. Akten der Referatsreihe Wiener Kulturmanagement. Wien 2004 (Wien, Verlag Art & Science); Habilitation: Systematische Handlungstheorie: ideologiekritische Reformulierung des Handlungsbegriffs in Politik, Ethik und Poetik bei Aristoteles und im Neoaristotelismus; mit einem Anhang: Neoaristotelismus und Spiel – ein ideologiekritischer Literaturbericht, Wien Ms. 2004 (erscheint 2007 in: Wien, Lehner Verlag); Clemens K. Stepina (Hg.), Wiener Kulturmanagement in Theorie und Praxis. Akten des Symposiums „Kulturmanagement in Wien". Wien 2006 (Wien, Verlag Art & Science); Clemens K. Stepina, Josef Rhemann, Wolfgang Greisenegger (Hg.), Iring Fetscher: Für eine bessere Gesellschaft, Studien zu Sozialismus und Sozialdemokratie, Gesammelte Aufsätze. Wien 2007 (Wien, Lehner Verlag).

Ursula Panzer-Twerdy
geboren 1973 in Wien; Studium der Pädagogik, Sonder- und Heilpädagogik, Diplomarbeit: Geschlecht und Klassensprecherwahlen in der Sekundarstufe 1. Sie ist im pädagogischen Feld tätig.

Marcus J. Oswald
geboren am 29. Juli 1970 in Wels; in Wien Studien der Theaterwissenschaft, Germanistik, Philosophie, Publizistik und Kunstgeschichte. Zweitstudium am Wiener Juridikum. Seit 1985 für verschiedene Zeitungen tätig. Es erschienen etwa 1.500 Zeitungsartikel und 3.000 Online-Artikel. Seit 2004 Herausgeber einiger Justizwebseiten, wovon die bekannteste „Blaulicht und Graulicht" ist. Seit kurzem auch in der Väterrechtsbewegung engagiert. Marcus J. Oswald ist Bücher- und Mediensammler und lebt und arbeitet in Wien-Alsergrund.

Carsten Rensinghoff
Gebortsjahr, -ort: 1969, Witten an der Ruhr (BRD)Akad. Werdegang: 1989-1994: Stdium des Lehramtes Sonderpädagogik an der Universität Köln; 1991: ERASMUS-Stipendium an der Liverpool Polytechnic, School of Education and Community Studies; 1994: Erste Staatsprüfung für das Lehramt für Sonderpädagogik; 1994-1999: Vorbereitungsdienst für das Lehramt für Sonderpädagogik; 2000: Entlassung aus dem Vorbereitungsdienst in den Status eines marktwirtschaftlichen Nullfaktors; 2000-2005: Bezug einer Rente wegen Erwerbsunfähigkeit auf Zeit; 2004: Promotion zum Dr. phil.Thema der Diss.: Peer Support als neuropädagogische Maßnahme in der Habilitation schwer hirnverletzter Jugendlicher und junger Erwachsener im Übergang von der Ausbildung in das Berufsleben. Ab 2005: wissenschaftlicher Mitarbeiter an der Philipps-Universität Marburg.
Auswahlpublikationen:
Peer Support in der beruflichen Habilitation schwer hirnverletzter Jugendlicher und junger Erwachsener. Butzbach-Griedel 2004.
Die da Wasser predigen saufen selbst den kostbaren Wein: Über die normalisierte verhinderte Teilhabe behinderungserfahrener Menschen. Münster 2006.